Cosmic Power
Constelação Familiar
&
Coronavírus

Sophie Hellinger

Cosmic Power
Constelação Familiar
&
Coronavírus

(t.) TAGORE EDITORA

© *by* Sophie Hellinger – 2020

Título original:
Cosmic Power, Familienstellen & Corona-Virus

FICHA TÉCNICA

Arte final da capa e Diagramação:
Victor Tagore Alegria

Tradução:
Lucas Shimoda

Revisão:
Matthias Bronk
Daniela Migliari

DADOS INTERNACIONAIS DE CATALOGAÇÃO NA PUBLICAÇÃO (CIP)

H477p   Hellinger, Sophie.
        Cosmic Power Constelação familiar & Coronavírus ; tradução:
    Cosmic Power, Familienstellen & Corona-Virus – 1a. ed. – Brasília :
    Trampolim, 2020.
        78p..

    ISBN: 978-65-86125-34-4

        1. Constelações Familiares. 2. Psicoterapia. 3. Terapia familiar
    4. Cosmic Power 5. Coronavírus I. Título

                    CDU 616.89156

    Catalogação na publicação: Iza Antunes Araujo CRB1/079

Contato com a Hellinger Sciencia
brasil@hellinger.com

Todos os direitos reservados de acordo com a lei.
Composto e impresso no Brasil. *Printed in Brazil.*

TAGORE EDITORA
SIG Q. 8 lote 2345, sala 100 | CEP: 70.610-480, Brasília, DF.
www.tagoreeditora.com.br

Sumário

– I –

Em vez de um prefácio 7

Big planet, small world. Uma só humanidade 7

– II –

Cosmic Power e Constelação Familiar Original Hellinger 9

O que o Cosmic Power® pode trazer para uma Constelação Familiar Original Hellinger®? 11

– III –

Constelação Familiar Original Hellinger sobre o coronavírus integrada ao Cosmic Power em Fevereiro de 2020 17

III.1. A Constelação 17

III.2. Relatos posteriores dos representantes 37

– IV –

O coronavírus 43

Os sintomas 43

O diagnóstico 45

– V –

Meus pensamentos sobre a crise do Coronavírus 47

– VI –

O poder da crença 51

– VII –

Cosmic Power e a verdadeira Felicidade em tempos difíceis..59

O que a prática da respiração consciente me traz?....................................64

– VIII –

Sophie Hellinger responde perguntas sobre a crise do coronavírus 73

– IX –

Bibliografia...77

– I –

Em vez de um prefácio

BIG PLANET, SMALL WORLD. UMA SÓ HUMANIDADE.

O coronavírus não conhece fronteiras.

Ele entra em todos os países.

O coronavírus não conhece cor de pele.

Pode afetar qualquer um. Não importa se negro, branco ou amarelo.

O coronavírus não conhece classes.

Pode afetar qualquer um. Não importa se ricos ou pobres.

O coronavírus não conhece idade.

Pode afetar qualquer um. Não importa se jovens ou velhos.

O coronavírus não tem gênero.

Pode afetar qualquer um. Não importa se homem ou mulher.

O coronavírus nos lembra disso:

Pertencemos todos juntos.

Somos uma só humanidade.

Há décadas, a Constelação Familiar Original Hellinger transmite isso ao mundo:

As Ordens do Amor se aplicam a todas as pessoas em todo o mundo.

Todos estão ligados à sua família de origem e presentes.

Não importa a sua nacionalidade, cor de pele, idade ou sexo.

A Constelação Familiar Original Hellinger é universal, sabe e comprova isso há décadas:

Somos uma só humanidade.

Cada indivíduo está incluso nela.

Há décadas, a Constelação Familiar Original Hellinger transmite ao mundo uma grande mensagem:

Todas as pessoas estão conectadas entre si.

Vamos viver juntos em paz e amor.

Big planet, small world. Uma só humanidade.

Que nós nos lembremos disso em tempos de crise do coronavírus.

Que nós finalmente vivamos dessa forma agora e também nos tempos após a crise do coronavírus.

– II –

Cosmic Power e Constelação Familiar Original Hellinger

Quando meu marido Bert Hellinger fundou a Constelação Familiar, ele revolucionou a psicoterapia. Sim, e ainda mais: ele criou um instrumento com o qual cada indivíduo pode alcançar uma vida feliz, saudável e bem-sucedida. Juntos, Bert e eu continuamos desenvolvendo a Constelação Familiar Clássica até resultar na Constelação Familiar Original Hellinger, que hoje é ensinada exclusivamente na Hellingerschule, em todo o mundo.

Todo mundo que já experimentou a Constelação Familiar Original Hellinger se pergunta: o que acontece aqui? Como isso é possível? De onde eles tiram essa informação?

Todos os acontecimentos, todas as ligações de uma família ou de um grupo estão armazenados como se estivessem numa grande memória. Essa informação é acessível a cada um dos membros. Pois todos eles, independente se vivos ou já falecidos, estão ligados uns aos outros em um campo mórfico.

Em uma Constelação Familiar Original Hellinger, os membros individuais são posicionados por representantes. Eles entram no campo mórfico da respectiva família ou grupo. A consequência: eles se sentem e se comportam como a pessoa que representam. Dinâmicas secretas e difíceis de uma família – muitas vezes ao longo de gerações –, de um grupo ou de uma empresa vêm à tona e podem ser resolvidas em seu efeito.

O que teve uma influência decisiva no meu trabalho com as Constelação Familiar foi o método energético Cosmic Power desenvolvido por mim:

- Cosmic-Power abre um outro acesso a planos inconscientes. A Constelação Familiar Original Hellinger se beneficia disso e ganha uma profundidade desconhecida até então.
- Como tudo o que já existiu fica gravado, temos acesso a todos os planos de informação.
- Toda pessoa é um armazenador e um transmissor coletivo de todas as informações, e tudo o que ela já viveu fica conservado como uma parte do todo. Por esse motivo, ela também participa de todos os acontecimentos em todas as épocas e em todos os mundos ao mesmo tempo.
- Cosmic Power® se apresenta como um bom acompanhamento para o sucesso da vida.
- Existências pregressas, ainda hoje, desempenham um papel nas dinâmicas relevantes de nossa vida.
- A aplicação da Constelação Familiar Original Hellinger integrada ao Cosmic Power® transcende espaço e tempo e abre o caminho para o até então inimaginável.
- Basicamente, o Cosmic Power® se manifesta na Constelação Familiar no nível informacional, que transcende o espaço e o tempo e considera a pessoa como um todo. Nenhuma das constelações é repetível, nem pode ser mensurada tecnicamente. Uma interação equilibrada de Cosmic Power® com a Constelação Familiar Original Hellinger® resulta em uma sinergia notável, que abre espaço por espaço.
- A abordagem da atenção, do centramento, da benevolência e da observação concentrada e da inclusão do grupo todo cria um efeito potencializador no próprio corpo e sobre todos os presentes.

O QUE O COSMIC POWER® PODE TRAZER PARA UMA CONSTELAÇÃO FAMILIAR ORIGINAL HELLINGER®?

- Uma percepção mais profunda.
- Uma saúde melhor.
- O contato com o inconsciente.
- A capacidade de decifrar mensagens da intuição.
- A pessoa pode confiar em sua voz interior.
- Ser um representante altruísta.
- Colocar-se à disposição de outra dimensão, como uma ferramenta.

Uma pessoa treinada em Cosmic Power® não confia nas informações e descrições de sintomas do cliente. Ela tem acesso direto ao campo de todas as informações.

Ela pode ver mais do que o visível. Ela pode escutar mais do que o audível.

Espaço e tempo são suspensos. Ela entra no vazio que abrange tudo e ela mesma se transforma em "nada", que é tudo ao mesmo tempo.

Uma lei da física quântica estabelece que a energia não pode nem ser criada, nem recriada, mas apenas transformada, mas não pode ser desenvolvida ou destruída. Ela está integrada em nosso coração e em nossas células, ela interage e não pode mais se dissolver. Nada poderá jamais apagar essa energia de novo. Assim que ela nos alcançou, ela permanece. Apenas mutação e transformação são possíveis.

O Cosmic Power é energia, mente e consciência, bem como contato com a matriz universal. Toda pessoa com respeito, disciplina e perseverança pode aprender e experimentar esse tipo de comunicação. Em Cosmic Power, a base fundamental para isso é constituída por uma determinada técnica de respiração e determinados tipos de meditação, assim como de toque. A prática diária é indispensável e leva a um estado de consciência ampliado. Pela prática regular, pode-se chegar a uma clarividência aparentemente estranha, a uma clariaudiência e sabedoria, bem como liberdade interior. Com isso, nasce a postura neutra e isenta de julgamentos, e esta pode entrar em ação. É possível experimentar todos os dias, de maneira lúdica, como a vida sem julgamentos pode, sim, ser leve e simples.

Nisso, o objetivo principal é se conectar com as forças cósmicas e se colocar à disposição para o serviço. Assim, através da respiração, a pessoa mergulha cada vez mais no estado original, como uma parte de todo o ser. Nesse processo, a disposição pessoal é exigida em primeiro lugar. Quando esta é despertada e torna-se presente, através do serviço, verdadeiros milagres podem ser vivenciados. A paz repousa na própria alma.

A prática constante dos exercícios do Cosmic Power permite a todos descobrirem a vida na diversidade de suas nuances e seguirem um caminho de vida mais consciente e realizado. Isso abre um número inesgotável de possibilidades. Cada passo leva ao próximo e cada vez mais fundo em nosso subconsciente. Nisso, somos levados, ao mesmo tempo, para resultados e abordagens para soluções inusitadas.

Cosmic Power convida cada pessoa a procurar e encontrar o que realmente é em seu mais profundo ser interior. Ou seja, um ser espiritual, bioelétrico, magnético que quer encontrar sua expressão na vida através do corpo. As possibilidades decorrentes disso são ainda mais variadas e muito maiores do que se poderia imaginar. Pois a limitação de todas as possibilidades acontece sempre na mente de cada um.

Todo ser humano é, desde o nascimento, um ser ilimitado. Todo ser humano é capaz de agir sem limites e estender suas percepções, seu ser, suas sensações e seus sentidos muito além do cotidiano. Quem estiver disposto a seguir esse caminho logo perceberá que cada ser humano é um ser ilimitado em sua originalidade e que, para todos, incondicionalmente, TUDO é possível.

Todos têm o livre arbítrio – em qualquer lugar e a qualquer hora. Todos podem sair de sua prisão interior, que consiste em condicionamentos, experiências, crenças, restrições e limitações de pensamentos e sentimentos. Todos podem se libertar dessa prisão para expressar sua vida como um ser sem limites, divino e irrestrito. Os milagres não estão fora de nós: nós mesmos somos o maior milagre. Quando abrimos esse canal dentro de nós mesmos, a imaginação pura já se torna realidade.

Muitas pessoas assumem que tudo é limitado e restrito. Mas essas são ideias incompatíveis com a realidade transmitida pelo Cosmic Power. Julgamentos e distinções nos impedem de nos conectar a todos os planos disponíveis, para ver, sentir, ouvir e agir. Mas não com nossos olhos, ouvidos e mãos, mas sim de forma astral, com a sabedoria do coração.

O ser humano bioelétrico é, de forma permanente, transmissor e receptor ao mesmo tempo. Quando estamos plenamente conscientes disso, usamos os dois lados da polaridade, a parte positiva e a parte negativa. Oscilamos constantemente para um lado e para o outro. E, a curto prazo, podemos sentir nossa plenitude.

Plenitude aqui significa: juntos somos fortes, juntos cruzamos fronteiras, conseguimos tudo e não nos deixamos bloquear ainda mais pelas ideias e ilusões predeterminadas em nossas vidas. Podemos reconhecer o que e quem realmente somos: ou seja, ilimitadamente poderosos e eternos. Podemos treinar, praticar e experimentar essa postura de vida. Podemos superar traumas e tragédias de nossas vidas e deixá-las para trás, a fim de caminharmos pela vida rumo à nossa própria salvação, tanto no plano espiritual como no físico.

Com Cosmic Power como base de nossa atitude de vida e como ferramenta, somos capazes de sair da dinâmica do aprisionamento e da imaturidade. Somos capazes de receber de uma maneira diferente pensamentos e sentimentos de uma fonte de informação até então desconhecida – sem polaridade e de consciência pura, pois ela não julga nem condena. Ela toma todas as coisas da forma como elas são, ou seja, como um aspecto possível da vida.

Isso, por sua vez, leva a novas perspectivas. Teremos chegado quando considerarmos como possíveis e interessantes até mesmo as perspectivas e os modos de interpretar mais estranhos e diferentes, e quando nós mesmos continuamos curiosos – ainda que sem apego, cobrança e fixação. E, sim, com grande gratidão e amor por tudo do jeito que é e como se mostra.

COSMIC POWER, CONSTELAÇÃO FAMILIAR & CORONAVÍRUS

NOTAS PESSOAIS

– III –

Constelação Familiar Original Hellinger sobre o coronavírus integrada ao Cosmic Power em Fevereiro de 2020

III.1. A CONSTELAÇÃO

Sophie Hellinger: Estou me centrando na direção desse movimento. É um movimento que está em algum lugar no Nada. Ele não pode ser visto, ele não pode ser tocado e é uma ameaça. Não sabemos o que se passa na China. Não recebemos nenhuma notícia. Não sei se já houve algo assim no mundo. O pânico, as cidades-fantasma nas quais normalmente não se pode se deslocar diante das pessoas e do trânsito.

Sophie Hellinger olha em volta e escolhe um participante. Ele se coloca no meio da sala.

Sophie Hellinger: Você representa o que está acontecendo agora na China, o vírus.

Sophie Hellinger escolhe outras quatro pessoas do auditório.

Sophie Hellinger: Vocês são os representantes da população chinesa. Vejam onde vocês precisam se colocar.

Os representantes da população chinesa procuram seu lugar. Eles ficam de pé ao lado esquerdo, uns ao lado dos outros, em diferentes distâncias. Todos olham para o representante do vírus.

Sophie Hellinger escolhe três outras pessoas. Elas se colocam lado-a-lado, à direita e atrás do representante do vírus. Todos olham na direção dos representantes da população chinesa.

Sophie Hellinger para os três representantes: Vocês são os representantes da população mundial.

O representante do vírus fica entre os representantes da população chinesa, de um lado, e os representantes da população mundial, do outro lado. Ele olha para o chão, se vira e olha para os representantes da população mundial.

Sophie Hellinger para a terceira representante da população mundial: Por favor, permaneça centrada e livre de qualquer intenção. Muito bem, agora sente-se.

Sophie Hellinger substitui essa representante.

O primeiro representante da população chinesa sai da fila e caminha, inseguro e com pernas bambas, em direção ao vírus. O vírus se afasta dele, inclina sua cabeça para baixo e olha para o chão. Então, o vírus coloca sua mão no ombro do chinês e olha para as suas costas.

Sophie Hellinger escolhe a quinta representante para a população chinesa. Ela entra na constelação. A quinta e a segunda representantes da população chinesa ficam de joelhos. Ambas olham, de baixo, para o vírus.

O primeiro representante da população chinesa sai do contato com o vírus, dá alguns passos trêmulos na direção da terceira representante da população mundial. Fica por longo tempo hesitante, com seu peso sobre a perna de apoio, em posição de quem vai andar, sendo que seu pé de trás não tem contato com o chão. O vírus bate duas vezes com seu pé no pé do chinês. Em seguida, o chinês começa a balançar e cai no chão. Seu olhar se fixa no chão. Ele fica de cócoras sobre uma perna, pondo-se de joelhos.

A quinta representante da população chinesa se ajoelha e se deixa cair. A segunda representante da população chinesa também se ajoelha, em seguida inclina seu torso para a frente e, pouco depois, cai esticada no chão. Deitada de bruços, ela fica com os braços e as mãos em volta da cabeça protegendo-se. A quarta representante da população chinesa se ajoelha ao lado dela, de forma reconfortante.

A terceira representante da população chinesa fica inalterada em seu lugar e chora.

O vírus se vira novamente para o primeiro representante da população chinesa, que está ajoelhado, e envolve seu braço com ambas as mãos. O chinês se levanta, enquanto o vírus continua segurando-o pelo braço.

O vírus se aproxima bastante do chinês, coloca seu braço em torno de seu quadril. Ambos olham na direção dos três representantes da população mundial, preocupados e com o olhares assustados. O chinês fica sempre tentando, em vão, empurrar o vírus para longe. Ambos se olham nos olhos, de forma séria e profunda. O chinês olha para ele com um olhar bastante severo, mas não consegue se livrar do vírus. O vírus se coloca bem junto, atrás dele, e se senta no chão. O chinês dá alguns passos para a frente e volta sua atenção para a terceira representante da população mundial. Ambos se olham nos olhos profundamente.

Nesse meio tempo, o segundo, o quarto e o quinto representantes da população chinesa estão deitados de lado, esticados no chão. A terceira representante da população chinesa ajoelha, com a cabeça baixa e com as mãos em prece, na direção do acontecimento.

O vírus se levanta de novo, fica bem próximo do chinês, que dá mais outro passo na direção da terceira representante da população mundial, que tem o olhar assustado. Ela não dá nenhum passo para trás, ao invés disso, vai em direção a ele.

Sophie Hellinger coloca uma outra representante na constelação, como quarta representante da população mundial. Ela procura o lugar dela dentro da constelação e se coloca a certa distância, ao lado da terceira representante da população mundial. Seu olhar se volta ao vírus, que se aproxima dela.

A segunda representante da população mundial chora.

O chinês oferece sua mão para a terceira representante da população mundial. Ela toma a mão dele e acena afirmativamente com a cabeça. Então, ela pega a segunda mão e, com ambas, segura a dele.

Entra ainda na constelação a quinta representante da população mundial. Em seguida, ela fica atrás da primeira representante da população mundial, que está chorando, e do segundo representante da população mundial – ambos estão de mãos dadas. Ela, por fim, se coloca atrás da terceira representante da população mundial.

Durante esse tempo, toda a atenção se volta novamente para o vírus, que se levantou de novo e se coloca de frente à quarta representante da população mundial. Eles ficam em pé, muito próximos, um frente ao outro e se olham nos olhos.

Sophie Hellinger coloca mais um representante na constelação. Ela não diz quem ele representa. Primeiro, ele procura um lugar dentro do contexto. É o futuro.

O vírus se vira, tomando a quarta representante da população mundial pela mão. Ela olha de lado para ele e o vírus olha para o chão.

Então, a quarta representante da população mundial se coloca, resoluta, na frente do vírus, que brevemente toca sua mão e depois seu braço. Então, ele dá um passo para o lado, ambos se olham nos olhos por bastante tempo. O vírus tem um sorriso no rosto. Ele coloca sua mão brevemente no ombro da quarta representante da população mundial. Depois, seu olhar se volta para o chão buscando algo e se afasta dela. Mas ela tenta se colocar imediatamente em seu caminho de novo. Então, o vírus coloca seu braço muito suavemente sobre os ombros dela, ela o abraça.

Sophie Hellinger: Por favor, permaneçam realmente centrados, pois vocês não sabem quem vocês são.

Nesse meio-tempo, o chinês fica de costas para os três representantes da população mundial. Todos olham com atenção para o chinês e para o vírus.

A quinta representante da população mundial tenta fazer, com seus braços esticados, uma espécie de escudo na frente da primeira representante e do segundo representante da população mundial, que é, apesar de tudo, tocado pelo chinês.

Sophie Hellinger coloca uma outra pessoa na constelação. Ela representa o ensinamento da Hellinger® schule. No momento em que a representante da Hellinger® schule entra na constelação, o vírus se senta no chão. Ela se coloca a certa distância, ao lado esquerdo.

O representante do futuro olha para o movimento da quarta representante da população mundial e para o vírus, que agora está deitado e esticado com as costas no chão.

O chinês, que ainda está de pé entre os representantes da população mundial, se afasta do acontecimento, fica de cócoras, se deita com as costas no chão e colocas as mãos na frente do rosto.

A quarta representante da população mundial se coloca com as pernas abertas sobre o vírus, que está deitado de costas, e tenta não deixá-lo escapar. Ele se empurra para baixo, por entre as pernas delas. Embora ela esteja apertando os pés uns aos outros com firmeza, ele escapa escorregando por baixo e se levanta fortalecido de novo. Ele se vira mais uma vez para o chinês, que está deitado no chão.

O vírus se aproxima do chinês e tenta colocar sua perna sobre a barriga dele. O chinês se defende. A quinta representante da população mundial chuta, em seguida, a perna inquieta do chinês e ela, enfim, segura ambas as pernas com as mãos. O chinês se levanta, seu olhar está voltado para o chão.

A terceira representante da população mundial coloca a mão dela no ombro do chinês. Ambos olham para o vírus, deitado de bruços.

O vírus apoia sua cabeça com uma mão e olha na direção dos demais representantes da população chinesa.

Então, a quarta representante da população mundial se vira novamente para o vírus, coloca o pé dela de maneira determinada sobre as nádegas dele, assim como o chinês, que coloca o pé dele sobre a parte inferior da perna. O vírus é pressionado por ambos, tenta se livrar dos dois e se levanta mais uma vez.

Nesse movimento de se levantar novamente, a quarta representante da população mundial acaricia suavemente as costas dele. Então, eles formam um grupo de três por um breve momento. Vírus, chinês e a quarta representante ficam em pé bem próximos uns dos outros e se olham.

Imediatamente, a quarta representante da população mundial se coloca entre ambos. O olhar dela passa novamente pelo vírus e vai para o vazio. O chinês, que agora está de pé atrás dela, coloca seu braço no ombro dela.

O vírus anda em volta dela e agarra mais uma vez o chinês pelo suéter e o segura firmemente. Depois, ele coloca sua mão na cabeça dele. O chinês coloca resistência mais uma vez, levanta a cabeça ainda mais alto e o inclina ainda mais para trás. O vírus tenta quatro vezes inclinar a cabeça do chinês pra frente. Por causa da resistência firme, ele desiste. Eles se olham por bastante tempo. O chinês ainda continua segurando firme seu olhar, com a cabeça erguida bem alto e inclinada para trás, e encara o vírus com a boca fechada com determinação.

Em seguida, o vírus se afasta pela lateral do chinês. O vírus dá um passo para o lado direito, passando por ele.

A quarta representante da população mundial, com olhar distante, se vira para longe do chinês.

O vírus segura firme pelo cotovelo a quarta representante da população mundial, com ambos os braços, e ambos olham para a frente, com um leve sorriso. O vírus pega a quarta representante da população mundial na mão e estica o braço dele e o dela para frente. Com um empurrão sobre o peito, ele tira de lado o chinês, que está de pé à sua direita.

Ambos dão alguns passos para a frente, na direção da representante da Hellinger®schule.

O vírus agarra, pelas costas, o chinês. Quando ele não consegue pegá-lo, ele agarra sua camiseta e o arrasta com ambas as mãos, atrás de si. A primeira e o segundo representante da população mundial se juntam a esse movimento para a frente.

O chinês oferece resistência, mas o vírus é mais forte. O vírus fica de joelhos diante da Hellinger®schule. O chinês se coloca na mesma linha com ele e com a população mundial. Em seguida, o vírus, se ajoelhando no meio, agarra o chinês com uma mão e a quarta representante da população mundial, com a outra mão. A população mundial e o vírus olham para a Hellinger®schule, o chinês desvia o olhar entre os dois, de maneira levemente evasiva.

Os outros dois representantes da população mundial seguiram. O vírus se levanta, coloca sua mão nas costas do chinês e o empurra para a frente, na direção da representante da Hellinger®schule. Agora, o chinês está imediatamente parado de frente à Hellinger®schule, olhos nos olhos. O vírus caminha para trás da quarta representante da população mundial e coloca sua cabeça sobre o ombro dela.

O chinês é empurrado para o lado pela representante da Hellinger®schule, com a mão esquerda. O vírus, que está ali atrás, agarra o chinês pelo suéter e coloca-o de joelhos, à força. O chinês, ajoelhado, ergue a cabeça ainda mais alto. Em seguida, o vírus lhe dá um golpe com o joelho, fazendo com que o chinês se curve para a frente. Ele volta seu olhar para a representante da Hellinger®schule. O vírus o mantém pressionado pelo ombro, para baixo.

Na frente da representante da Hellinger®schule, a quarta representante da população mundial e o vírus olham para o chão, com a cabeça levemente abaixada. O chinês se ergue e o vírus o empurra para o lado da quarta representante da população mundial. O vírus se coloca ao lado da representante da Hellinger®schule, insinua uma inclinação de cabeça diante dela e seus braços es-

COSMIC POWER, CONSTELAÇÃO FAMILIAR & CORONAVÍRUS

tão tão cruzados quanto os da representante da Hellinger schule. O vírus se vira para longe e se coloca de costas para a representante da Hellinger®schule.

Enquanto isso, a primeira e o segundo representante da população mundial olham na direção da representante da Hellinger®schule, ao que o chinês se vira e a quarta representante da população mundial ajoelha no chão, diante da representante da Hellinger®schule. A representante da Hellinger®schule ergue a cabeça dela. Ela se desloca para a frente, de joelhos para a representante da Hellinger®schule e ergue suas mãos com as palmas para cima e para o alto. Seu olhar é implorante e suplicante.

Ambos os outros representantes da população mundial têm sua cabeça inclinada. O segundo representante da população mundial também fica de joelhos e olha suplicante para cima. O vírus se colocou mais uma vez ao lado da representante da Hellinger®schule. Ele está cabisbaixo e suas mãos estão dobradas à frente do rosto. Ele observa os quatro representantes da população mundial e se posiciona atrás deles, bastante inclinado.

O chinês se vira para longe, caminha em direção do futuro e se coloca diretamente diante dele. Ambos se olham. O chinês coloca ambos os braços sobre os ombros do futuro e o futuro o abraça.

Enquanto isso, o vírus vai de costas, com a cabeça profundamente inclinada, diante da representante da Hellinger®schule, com as mãos na frente do rosto e se ajoelha brevemente.

A quarta representante da população mundial se levanta e fica de pé, frente à representante da Hellinger® schule. Ambas se olham nos olhos.

O chinês tenta tomar o futuro para si e gostaria de virar o futuro para longe, de modo que ele não possa olhar para todo o acontecimento. Ele não consegue. Logo depois, o chinês solta o futuro, se vira e dá alguns passos com as costas afastadas da representante da Hellinger®schule passando pelo vírus, ajoelhado. Seu olhar está voltado para a terceira representante da população mundial, que está sentada no chão, a certa distância. Ele tenta se desviar do vírus, que se levantou de novo e agarra-o novamente pelo pulso. Então, ele fica parado de pé, ao lado da terceira representante da população mundial, que está olhando para ele.

O vírus o segue e coloca seu braço sobre os ombros do chinês.

O futuro observa tudo e, em seguida, olha na direção do vírus. Então, o olhar do futuro fica, por algum tempo, na representante da Hellinger®schule e seu ensinamento.

Com a mão esquerda, a representante da Hellinger®schule afasta para o lado a quarta representante da população mundial, de modo que seu olhar esteja livre.

O vírus agarra o braço do chinês, com ambas as mãos, e deita sobre seu ombro, com sua cabeça e todo o peso de seu corpo. Com isso, ele continua tentando puxá-lo para baixo, para o chão.

O chinês se livra do agarro e se volta, novamente, para a terceira representante da população mundial, que está de pé. Ambos se dão as mãos.

Claramente entediado, o vírus se vira para longe.

O chinês leva a terceira representante da população mundial para o futuro, que se virou para longe enquanto isso. Por trás, a terceira representante da população mundial coloca ambas as mãos sobre os ombros do futuro e tenta se apoiar nele. O chinês caminha pela frente, em direção ao futuro, e tenta agora abraçar ambos com seus braços.

O vírus, que estava ali ao lado sem participar, tira do futuro a mão do chinês e puxa-o, com força, para longe do futuro.

Este resiste e quer levar junto o futuro. O futuro se desvia desse movimento.

O vírus agarra de novo o chinês firmemente pelo pulso. Ambos se olham nos olhos. Então, o vírus vira o chinês de costas para si, coloca sua cabeça e depois os dois braços sobre seus ombros. Então, o vírus abraça com seus braços os braços do chinês, estica os dois braços na direção de Sophie Hellinger, que está sentada em uma cadeira. O chinês resiste com muita força. Ele está claramente debilitado. Seus joelhos tendem a desfalecer no chão.

O chinês tenta se livrar dos braços firmes do vírus, que estão esticados para a frente, porém ele não consegue. O vírus tira seus braços dele e, ao mesmo tempo, dá um golpe duro com seu punho nas costas e empurra-o para frente.

Nesse momento, Sophie Hellinger bate palmas alto e grita: "Ei!". Ela tenta recuperar de novo a atenção do chinês, que dá a impressão de estar ausente. Só depois, o chinês levanta brevemente os olhos e olha na direção dela.

Com um segundo golpe duro nas costas, o vírus o empurra mais uma vez para a frente, tão energicamente que ele cai para a frente, sobre um joelho. Ele deixa parado o outro pé no chão, de forma demonstrativa. Ele permanece no chão firme e com os olhos fechados.

Sophie Hellinger olha para ele por bastante tempo e de modo penetrante. Porém, ele mantém os olhos fechados. Agora, ele se senta para trás. Ele ficou claramente ainda mais fraco, porém mantém os olhos fechados. Sophie Hellinger bate palmas de novo. Agora, ele abre os olhos como se, de repente, tivesse acordado. Eles se olham nos olhos. Ele resiste muito a deixar as lágrimas escorrerem.

Sophie Hellinger estica para a frente a mão, na direção dele, e toca a gola de sua camiseta no pescoço, como se ela fosse puxá-lo levemente para a frente. Aqui, ele também resiste. Mas, de repente, ele cede e se inclina lentamente para frente, com um rosto profundamente entristecido, ao que Sophie Hellinger o toca com um dedo na cabeça, com muito cuidado. Agora, ele fica deitado imóvel por muito tempo na frente dela, os braços repousados sobre o chão e a cabeça se inclinando.

Enquanto isso, os representantes da população mundial abraçaram as pernas da representante da Hellinger®schule. Ela os acaricia carinhosamente na cabeça. O vírus e a quarta representante da população mundial se abraçam, ficam de pé atrás do chinês, que está ajoelhado já há bastante tempo, e observam o processo.

Sophie Hellinger: Acho que podemos deixar como está. Fiquem todos parados onde estão. Em primeiro lugar, vou dizer a vocês quem representou quem. O que foi revelado aqui? O futuro não quer nada, absolutamente nada. Um chinês vai para o mundo. O vírus está desperto e presente. O vírus tem grande interesse na população chinesa. Enquanto isso, parecia que o vírus tinha desistido, mas ele sempre retorna e, até mesmo, fortalecido. Agora, vamos ouvir o que os representantes têm a dizer.

Representante do vírus: Foi muito de tudo. Eu me senti muito grande, depois me senti como um professor que pune seus alunos, mas que nunca está bravo com eles. Houve então um movimento de ir e vir. Depois, fui em direção à Hellinger®schule e senti sua grandeza. Eu sabia que eu precisava arrastar o chinês até ali, para que ele se inclinasse diante da Hellinger®schule. Quis, diversas vezes, movê-lo para que ele se inclinasse.

Mas ele é muito arrogante e orgulhoso e não se deixa ser movido para se inclinar. Na Hellinger®schule, porém, pela primeira vez, ele conseguiu se inclinar. Depois disso, ele não ofereceu mais resistência. Eu sabia que precisava ensinar humildade para a China, por outro lado, eu precisava mandá-lo para os outros da população mundial, para que eles não olhem de cima para a China. Isso não vai terminar na China.

Todos têm algo a aprender. Mais tarde, eu precisei de toda forma olhar para a Sophie Hellinger. Eu senti isso: para ele, há somente uma solução e ela está ali, com a Sophie. Somente quando o vírus se inclinou diante de Sophie, ficou mais fácil para mim. Tive a sensação de ter cumprido minha tarefa. Agora está tudo bem.

Sophie respira fundo.

Representante do vírus: Talvez haja ali também algo pessoal meu. Eles já tinham a medicina, mas não fizeram uso dela – por causa de sua arrogância e seu orgulho.

Sophie Hellinger: Está bem! Fiquem onde estão, se puderem. Agora você. *Sophie Hellinger aponta para a segunda representante da população chinesa.*

Segunda representante da população chinesa: Quando a Sophie disse: "Essa é a Hellinger®schule", eu me senti diante dela como uma pequena garota, e a vi como essa mãe enorme. E essa garota está impotente diante dessa grandeza.

Sophie Hellinger: Alguém mais quer dizer alguma coisa?

Primeira representante da população mundial: Eu descobri que só uma entrega é o caminho único para sair do desespero e da impotência da posição inicial. E aqui, na Hellinger®schule, existe uma sensação plena de "Ter chegado".

Sophie Hellinger: Alguém mais quer dizer alguma coisa?

Quarta representante da população mundial: Senti um grande amor pelo vírus. Entendi e tive o conhecimento de que há algo muito grande por trás dele. Para mim, foi muito interessante interagir com ele, fazer reações e ações conjuntas. Queria descobrir se ele é controlável. Queria dançar com ele.

Representante do vírus: Eu também queria isso com ela, mas só um pouquinho.

Quarta representante da população mundial: Às vezes, eu conseguia. Eu tinha a sensação de que ele seguia meu movimento. E, então, ele voltou para sua própria força de novo, independente de mim. Para mim, era muito importante ficar olhando para ele permanentemente, olhos nos olhos e sempre mantendo o contato para que eu soubesse para onde ele estava indo em seguida e para que eu permanecesse no movimento com ele. Em um certo momento, quando ele se arrastou embaixo de mim e depois para fora, eu me virei e vi o futuro. Porém, de minha parte, não houve nenhum movimento para lá. Mantive constantemente o vírus no campo de visão. Quando coloquei meu pé sobre ele, eu sabia: assim que mais alguém tentar isso, ele ficará mais forte. E foi exatamente assim que aconteceu. Ele se levantou e estava muito forte. Juntos, fomos para a Hellinger®schule. Tive a sensação de que ela era algo bem grande e, dessa grandeza, dependiam as ações do vírus.

O representante do vírus acrescenta: Eu tinha a seguinte sensação: existe ali harmonia, uma harmonia absoluta, perfeita e plena. E quando se chega ali, se tem essa harmonia. Ela era tão grande e tão maravilhosa.

Quarta representante da população mundial: Fui freada fortemente pelos braços cruzados da Hellinger®schule. Eu não podia entender o que estava acontecendo. Ela está aberta ou fechada para mim? Como eu deveria me comportar? O que está acontecendo nela?

Eu ficava o tempo todo me perguntando: o que eu deveria fazer para que essa situação mude? Fiquei de joelhos e inclinei minha cabeça. Nesse momento, descobri que tudo que faço é supérfluo. A Hellinger®schule e seu ensinamento não precisam de tudo isso, também não vale de nada o que eu tento realizar. E foi então que entendi: preciso levantar e continuar vivendo. Olhei por certo tempo para a Hellinger®schule e seu ensinamento, mas ela me colocou de lado e depois o vírus me atraiu mais uma vez. Ele estava tão próximo e eu estava tão feliz de tê-lo encontrado de novo.

Representante do vírus: Eu também me inclinei diante da Hellinger®schule, voltei a me inclinar, até que vim para cá.

Terceira representante da população mundial: Eu me senti bem culpada perante a população chinesa. Eu a explorei. Quando ele se aproximou de mim, eu quase não podia suportar que o chinês estendesse as mãos para mim, ainda que eu tivesse sido abusiva com ele. Minha referência era apenas ele, o representante da população chinesa. Quando ele ficou de joelhos, eu também fiquei de joelhos. Quando o vírus chegou, eu sabia que era algo novo, eu não tinha nada a ver ali, era algo bastante próprio. Também senti muito por ter explorado o povo chinês.

Terceira representante da população chinesa: Desde o começo, eu me senti como uma criança, como se eu fosse sentar no carvão em brasa. Eu estava realmente muito desesperada. Estranhamente, eu quase implorei ou pedi para o vírus que ele pudesse fazer algo para que as pessoas, de algum modo, voltassem a si e fizessem qualquer coisa para me ajudar.

Quando a Hellinger®schule chegou, entendi imediatamente que uma grande luz se acendeu. Eu tinha o impulso de ir até ela, eu me sentia segura perto dela. Eu tinha um medo muito grande do chinês e de tudo o que ele fazia. Ele me provocava muito medo. Como se ele não compreendesse, como se ele fosse cego de fato. Eu queria de qualquer jeito que ele olhasse para o vírus e eu tinha a sensação de que o chinês não sabia o que fazia.

Quando todos os outros vieram também para a Hellinger®schule, eu tive a sensação de que eu finalmente podia descansar. De que agora estou em segurança e de que eu estava mais calma. Em toda a situação, eu queria sempre olhar para o futuro, mas isso não era possível para mim, eu não conseguia. No final, eu também não conseguia mais respirar. Eu tinha a sensação de não conseguir mais ar. Então, algo veio sobre mim e eu me senti relaxada. Tive um pico de fraqueza e desfaleci. Morta. Depois, uma onda me veio como se eu pudesse ficar tranquila de novo e ser uma criança.

Quinta representante da população chinesa: No começo, eu também me senti como uma criança e isso me arrastou para baixo. Quando eu caí, estava me sentindo mal. Não senti nenhuma tranquilidade. Eu queria gritar, estava desesperada, mas eu não conseguia fazer nada. Eu sentia como se eu fosse desmaiar e ficar louca ao mesmo tempo. Quando vi a Hellinger®schule, comecei a ir em direção a ela, a engatinhar rumo a ela. Eu senti isso: só quando eu me colocasse atrás dela, poderia ficar livre e segura.

Primeiro representante da população chinesa: Quando eu cheguei na constelação, eu tinha uma grande vergonha e o sentimento de que eu nunca mereceria isso. Estava em busca de outra resposta e em outro caminho do que os demais, pois tinha a sensação de que, assim, eu poderia diminuir minha vergonha. Do início ao fim, eu tive a sensação de que o vírus era meu amigo, de que ele tinha boas intenções comigo, mesmo que eu não me sentisse bem com ele. Tentei mudar a imagem que os outros têm de mim, para poder me sentir mais orgulhoso. Mas isso não funcionou. No final, quando o vírus me empurrou, eu sabia: agora é a hora que preciso confessar que fiz algo errado. Eu me envergonhei demais, como se eu pudesse confessá-lo. Então, quando a Sophie bateu palma para chamar minha atenção, eu tive a seguinte sensação: agora está tudo bem confessar que eu me equivoquei e que nada iria acontecer comigo.

Sophie Hellinger para o representante do futuro: Você tem algo a dizer?

Representante do futuro: O mais extremo no começo foi que eu tinha permanentemente visão geral de tudo. Eu tinha uma neutralidade bem interessante, frente a tudo que estava acontecendo. Tudo tinha o mesmo significado, eu podia olhar para tudo, sem me prender a nada. O que sempre ofuscou um pouco no começo era que eu sempre tinha uma sensação como se, atrás de mim, houvesse forças enormes que, na minha percepção, eu não sentia como agradáveis. Isso me dava tanto arrepio. Eu sentia isso sempre por trás.

Tudo se passava como se fosse um palco em que apenas algumas pessoas atuassem. Existiam simplesmente forças enormes atrás de mim, na minha frente, era como um palco teatral. O tempo todo eu vi o vírus como uma ferramenta totalmente neutra. Seu tempo tinha chegado, em algum momento no decorrer da história. Eu tinha a seguinte sensação: ele vai embora de novo. É um Vir e Ir e, em alguns anos, virá a próxima ferramenta.

O mais interessante foi: as pessoas que eu tinha observado estavam tão tristes, sem esperança e debulhadas em lágrimas. Enquanto futuro, isso não era mais nenhum futuro para mim. Uma luz se acendeu para algumas pessoas que, na maior parte do tempo, estavam tão tristes, quando elas ergueram a cabeça e olharam. De repente, havia força em algumas pessoas que ergueram o olhar e depois olhavam para mim. No primeiro momento, estava tudo bem, finalmente algo tinha se mexido. Porém, como um tipo de exigência, tudo desmoronou de novo, em seguida, porque a pessoa não estava consigo mesma.

O único contato certo era com o primeiro representante da população chinesa, quando ele tinha chegado. Houve um momento aí que eu tive a seguinte sensação: tudo bem, agora ele deu conta, agora há algo aí, agora dá para começar. Daí, ele quis, porém, me movimentar para outro lugar e tudo se foi novamente. Eu não tinha a sensação de que alguém pudesse me mover.

Então, mais uma vez, entrou em colapso essa força que, ainda há pouco, estava ali e que teria tornado algo possível. Isso ainda era muito importante. Essas forças, que operavam em segundo plano, estavam sempre presentes. A partir de um determinado momento, tudo ruiu completamente e eu não existia mais. Isso foi quando a representante da Hellinger®schule foi inserida na Constelação Cosmic Power. Depois disso, eu não senti mais nenhuma vez, nas costas, essas forças especiais, nem mesmo parcialmente.

Sophie Hellinger: Então as forças desagradáveis que operavam aqui se dissiparam quando a representante da Hellinger®schule entrou?

Representante do futuro: Sim, exatamente! Foi aí que aquilo que era desagradável se retirou, se dissipou de alguma forma. Eu não o senti mais, eu sempre olhava de novo e, então, constatei: há algo aí já, porém não é a mesma coisa do que antes. Eu olhava em volta, mas essa força desagradável não estava mais lá. Não havia mais nada de teatro de marionetes ali.

Quando eu observava o movimento desse jeito, eu ficava permanentemente surpreso com o fato de todo mundo continuar encenando. Não existia mais nenhum motivo para isso. Eu expresso isso assim: os fios já estavam cortados, porém todo mundo continuava mesmo assim, como se eles ainda não tivessem nenhuma ideia. Então, isso se encaixa mais uma vez com esse lampejo de esperança que eu, de vez em quando, percebia. Então eu pensei: "ah, agora sim, vai começar!".

E então eles estavam presos na loucura deles de novo e eu estava totalmente neutro. Era agradável, sim, quando tinha alguém ali que, de repente, estava em si. Aí, eu tinha a sensação de que algo acontecia, era como uma luz.

Representante da Hellinger®schule: Para mim, isso não era importante. Quando todos se concentraram aos meus pés e realmente se colaram em mim, isso é exatamente a coisa certa. É exatamente assim que deveria ser. Não porque sou orgulhosa ou arrogante, mas sim porque isso está em ordem. Exatamente esta é a ordem. E quando o vírus trouxe até aqui a quarta representante da população mundial e o primeiro representante da população chinesa, foi assim para mim: muito bem, bom garoto, você cumpriu bem sua tarefa.

Representante do vírus: Confirmo! Eu também senti exatamente isso.

Representante da Hellinger®schule: O chinês não cedeu. Por que fiquei de pé de braços cruzados? Pensei: "Bem, mas que circo!". Então, a quarta representante da população mundial começou a se inclinar na minha frente. Aí, o vírus foi embora. Em seguida, a quarta representante da população mundial começou, de repente, a pedir algo para mim. Pensei: 'agora ela quer, de novo, alguma coisa de mim'. Mas eu não tenho nada para dar, eu já dei tudo.

Então, a quarta representante da população mundial se levantou. E eu pensei: "Tudo bem, se ela está se levantando, pois que se levante." Mas ela me irritou. Ela até estava ali de pé, mas não fez nada. Então, encontrei o vírus com meus olhos. Foi um sentimento assim: "bem, coloque ordem nisso – é para você colocar ordem nisso." Algo como uma tarefa. Teria sido importante que o primeiro representante da população ou a quarta representante da população mundial – pelo menos um dos dois – tivesse se inclinado aqui e tivesse ficado. Então tudo estaria completo, então poderíamos continuar todos juntos.

Sophie Hellinger: Obrigada a todo mundo! Muito obrigada! É possível inventar algo assim? Tais pensamentos revolucionários que derrubam tudo o que havia até então? Eu sempre perguntei para Bert: "por favor, diga para mim, como você encontrou isso?". Ele dizia: "eu não encontrei nada, me foi dado de presente. E, por isso, coloco minha vida a esse serviço." Portanto: claramente há por trás de tudo algo muito maior do que nós imaginamos. É simplesmente grande demais e eu fico pensando: eu, tão pequena, deveria continuar isso? O que eu deveria desencadear aí?

Anna: Sua missão!

Sophie Hellinger: Sim, qual é minha missão? Eu me pergunto isso já há tanto tempo! Eu, como uma pessoa pequena, deveria ter uma missão tão grande? Não pode ser.

Anna: Pode sim!

Sophie Hellinger: Sim, eu já vi isso diversas vezes em constelações. Da primeira vez, isso se mostrou de maneira bastante concreta quando Bert estava no hospital, no ano de 2013. Fizemos uma constelação no quarto dele, no hospital. Ele estava realmente morrendo. Os médicos diziam: "ele está em fase terminal." Na constelação, algo semelhante veio à tona. Nesse sentido: não se preocupe, isso vai continuar sim, pois você já está fazendo isso, agora é você quem tem a missão. Sim, vamos ver para onde isso vai levar. É para ser eu?

Então, o que nós vimos aqui? A situação com o vírus ainda não terminou tão rápido. Parecia que ele iria sossegar e, então, ele retorna. No seminário Cosmic Power no fim de Janeiro, eu já tinha feito uma constelação a esse respeito. À época, eu disse: "é uma lição para o povo chinês." E os Estados Unidos estavam presunçosos e, depois, fracos.

Minha experiência na China foi a seguinte. Eu perguntei: "posso ter isso, vocês podem fazer isso por mim, isso é possível?". Então, a resposta era: "Eu te digo uma coisa, por favor nunca mais pergunte assim! Tudo é possível. Você diz o que é para ser feito e nós faremos." Eu pensei: "Não é possível. Não vai até um determinado limite e não além disso?". Na China, tudo é enorme. Quanta coisa esse povo conquistou! Não temos ideia disso. Não podemos nem mesmo imaginar. Mas o preço é alto, muito, muito alto. Humildade e modéstia talvez devessem ser aprendidas de fato.

Não existem quaisquer leis, desconhecidas por nós, segundo as quais tudo tem seu lugar e sua ordem e não pode ser ilimitado? Em 1000 ou 2000 anos, não haverá mesmo nenhuma importância se morreram 5 milhões ou 5 bilhões de pessoas. Eu acredito que é como o futuro disse: alguns levantaram o olhar e voltaram a ter esperança, mas depois perderam essa conexão de novo. Alguns ficarão, de algum modo isso vai mais ou menos se colocar em ordem. Alguma coisa vai sobrar.

Portanto, vamos passar nosso tempo em vida com humildade, atenção, amor e cuidado. Se serão cinco, dez, vinte ou trinta anos, não saberemos mesmo, por sorte. Mas para voltar para o calendário maia. Deverá haver uma imensa transformação. Desde que o calendário existe, ele sempre esteve certo. Ficar com medo e com preocupação não é apropriado. Mas estar desperto, cuidadoso, amoroso e atencioso, sim. Porque, no final, não faz diferença se vou viver mais dez anos ou apenas um. Para o mundo, não faz diferença. E, assim, se formos gratos pelo que já recebemos até agora, se formos amistosos e abertos para o que ainda nos será ofertado, haverá um bom efeito. Sem que nós pensemos assim: tomara que o vírus fique ali.

Se a Itália reage tão energicamente, então deve haver algo por trás que nós todos não entendemos ainda.

Aproveitem a vida e sejam confiantes.

III.2. RELATOS POSTERIORES DOS REPRESENTANTES

Representante do vírus: Eu imediatamente me senti grande, poderoso, mas justo. Como um pai que ama seus filhos, mas precisa puni-los às vezes, sem ficar feliz com isso. Só quero atingir um objetivo: fazer bem aos filhos.

Desde o início, minha atenção foi atraída para o primeiro representante da população chinesa, os outros participantes apenas estavam no meu campo de visão, mas não fiz nenhum movimento em direção a eles. O primeiro representante da população chinesa me pareceu arrogante, de um certo modo não sábio, mas sim petulante, como um adolescente que acha que já sabe de tudo.

Ele me parecia como alguém que não sabe o que faz. Eu queria inclisá-lo para a frente. Eu sabia que essa era a minha tarefa, ensinar humildade a ele.

Porém, ele não cedeu às minhas tentativas de movê-lo e resistiu com raiva. Sua resistência não despertou em mim nenhuma vontade de forçá-lo a se curvar, não a qualquer custo.

Quando a quarta representante da população mundial apareceu, ela chamou minha atenção. Eu me senti mais próximo dela e aí quis dançar com ela, ela recusou todos os meus sentimentos.

Depois, eu quis me sentar e até mesmo me deitei no chão por um tempo, para descansar. Depois, levantei de novo como se eu tivesse recuperado a força. Quando eu e o chinês estávamos deitados no chão, eu coloquei minha perna em cima dele e queria segurá-lo no chão. Mas ele não queria e, então, levantou. Eu pensei: 'tudo bem, como quiser.'

Quando a representante da Hellinger®schule e seu ensinamento apareceram, fui atraído até ela e arrastei o chinês comigo. No fim, todo nós estávamos próximos da representante da Hellinger®schule e seu ensinamento: eu, a quarta representante da população mundial e o primeiro representante da população chinesa. Eu queria levar até ela os outros participantes, exceto o futuro.

Dei alguns passos na direção dos outros, mas aí essa vontade desapareceu em mim. Vi a representante da Hellinger®schule e seu ensinamento como grandes, belos e harmonizadores. Eu tinha a sensação de estar a serviço dela. Eu me afastei dela e me inclinei diante dela sem dar as costas, como um primeiro-ministro diante do imperador.

Então, minha atenção se voltou para Sophie Hellinger. Eu tinha a seguinte sensação: aí está uma solução para o primeiro representante da população chinesa. Lá, ele pode corrigir sua arrogância e tornar-se mais inteligente. Eu sabia: ele precisa se curvar muito diante de Sophie, o máximo possível. Era impossível para ele. Abracei os ombros dele por trás, com meus braços retos e virei-o na direção de Sophie. Ao mesmo tempo, eu quis curvá-lo diante dela. Para minha satisfação e até mesmo meu alívio, ele cedeu e olhou finalmente para Sophie.

Então, eu pensei de novo o quão estúpido ele é. Ele não entende o quão bondoso e enorme é o poder que está diante dele. Eu comecei a fazê-lo se curvar com um pouco de força e, para minha alegria, ele finalmente cedeu.

Quando ele se ajoelhou diante de Sophie, pareceu a mim que ele tivesse aprendido a primeira lição, mas que não era nenhuma decisão definitiva ainda. Somente nessa posição, prostrado diante de Sophie, é que sua arrogância e estupidez serão perdoadas!

Representante da Hellinger®schule e seu ensinamento: Primeiramente, observei a quarta representante da população mundial. Por um lado, ela era interessante e importante para mim, mas, ao mesmo tempo, ela não era significativa. Minhas mãos estavam cruzadas na frente do peito com o sentimento de: "Bem, e agora? Que jardim de infância!"

Alguém subiu rastejando em mim e se agarrou em meus pés. Para mim, era óbvio que todos se grudassem nas minhas pernas, como pequenas conchas. Desse modo, eles todos iriam se transformar em uma plataforma sólida, como uma base de concreto que sus-

COSMIC POWER, CONSTELAÇÃO FAMILIAR & CORONAVÍRUS

tenta uma coluna. Eu sabia: não preciso de nenhum apoio. Era só assim que estaríamos, então, em condições de nos movermos para a frente. Essa é absolutamente a única possibilidade de prosseguir adiante. Não existe nenhuma outra chance para a humanidade. Enquanto ela não se unir, pelo menos a maioria dela, nada acontece. Estar embaixo e permanecer embaixo não é algo ruim. É o único lugar certo e seguro.

Minha força era tão grande, que eu poderia ter feito todos caírem, sem exceção (especialmente o primeiro chinês), com um leve toque da minha mão. E não era algo ruim de minha parte. Mas a humanidade precisava chegar sozinha a isso e se curvar.

Alguns dos participantes começaram a rastejar para cima e para baixo. Eu deixei que eles fossem entrando. Eu até esquentava as mãos deles, acariciava suavemente as bochechas de alguém e acalmava-os dizendo que tudo estava em ordem. Quando eles me olhavam de baixo, nos olhos, eu olhava de volta para eles, com reconhecimento. Eu tinha tanto amor por eles, tantos sentimentos ternos, eu dava absolutamente tudo para eles e eles eram sagrados, intocáveis e sob minha proteção. É algo ainda maior do que a alegria ou a felicidade que eu sentia por eles. Não dá para descrever em palavras, isso fluía dos meus olhos, das minhas mãos, do meu coração, de todas as células do meu corpo. Um sentimento de algo grande.

A quarta representante da população mundial me viu finalmente e me olhou nos olhos. Porém, ela não veio até mim. Para mim, era algo como: "e agora, o que faremos? Você está olhando, mas não faz nada. Tudo bem, mas o que nós vamos fazer agora?". O vírus a conduziu até mim, ela não veio por si só. Eu tinha uma mensagem clara para o vírus: "Bom trabalho, bom garoto, você fez seu trabalho e cumpriu bem a tarefa". Reconhecimento e encorajamento, como para um cão fiel e leal. Então, o vírus se retirou.

A quarta representante da população mundial não foi ao chão imediatamente. Mas quando ela finalmente se deitou, ela não se inclinou, ainda que estivesse ajoelhada, mas sim começou a esticar os braços dela até mim e a pedir. Eu estava irritada, eu já tinha dado tudo o que ela queria. Quando ela não recebeu nada de mim, ela se levantou e tentou mostrar que ela era tão grande quanto eu e, então, me ocorreu o seguinte: "tudo bem, então o vírus será preciso novamente".

Encontrei-o com meus olhos, ele simplesmente estava de joelhos como se estivesse desligado, e eu o ativei com meus olhos e dei a ele uma ordem mental: ele precisa colocar ordem nisso, ele precisa cuidar disso. A representante da população mundial começou, por si só, a ir até ele. Depois disso, eu não tinha mais interesse nela. Era como: não vou mais desperdiçar tempo com ela, se ela vier, tudo bem; mas se não vier, não veio.

Então, observei o primeiro representante da população chinesa. Quando ele começou a ir ao chão e, até mesmo, a se inclinar um pouco, subiu de novo dentro de mim essa onda de amor e ternura (eu mesmo não tenho filhos, mas posso imaginar que os pais tendem a estar feliz quando seu filho fez alguma coisa certa).

Além disso, eu também cuidei do vírus para que ele não fosse prejudicado. Ele é meu querido ou meu animal de estimação amado.

Meus braços não estavam mais cruzados quando mais povos ainda vieram até mim. Quanto mais povos estavam a meus pés, mais aberta eu ficava.

E, talvez, quando um dos dois, a quarta representante da população mundial ou o primeiro representante da população chinesa, estivessem totalmente fundidos com as minhas pernas, nós todos poderíamos talvez nos mover. Eles tinham todos a mesma importância.

Eu ainda tenho a sensação de que não era apenas a Hellinger®schule. Era algo muito grande. O Poder, a Sabedoria, o Ensinamento que estão por trás disso. O Poder que é dado a toda pessoa através do seu Ensinamento.

Muito obrigado por essa oportunidade. Nunca esquecerei essa experiência.

Quarta representante da população mundial: Eu representei a população mundial. Eu era forte.

COSMIC POWER, CONSTELAÇÃO FAMILIAR & CORONAVÍRUS

Eu me interessei pelo vírus. Eu sabia que ele não era mau, mas sim que uma grande força estava por trás dele e que ele tinha uma grande missão a cumprir. Eu precisei interagir com ele, olhá-lo nos olhos. Dançar. Torná-lo controlável. Por um momento, eu achei que tivesse conseguido, mas o vírus vivia a vida dele.

Depois que o vírus se desvencilhou de mim, eu olhei em volta e vi o futuro. O futuro me fascinava, eu queria olhar para ele e eu esqueci o vírus. Mas não houve nenhum movimento na direção do futuro.

Quando o vírus rastejou até mim, ele estava tão fraco que eu pensei que ele estivesse vencido, e eu coloquei meu pé em cima dele, mas isso o tornou mais forte de novo e ele se ergueu mais uma vez.

Vi a representante da Hellinger®schule e seu ensinamento. Eu olhei para ela, mas não sabia se deveria ir até ela ou não. O vírus apareceu de novo e eu precisei ficar com ele. Ele pegou minha mão e me trouxe para a representante da Hellinger®schule e seu ensinamento. Eu entendi que era uma grande força, da qual muita coisa depende e que pode influenciar o vírus. Olhei demoradamente para seus braços cruzados e não pude descobrir se esse poder estava aberto para mim ou me rejeitava. Depois de um breve momento, ficou claro para mim que sou muito pequena diante dessa força. Pensei que **eu** fosse aquele que combate o vírus, nisso era o vírus que me estimulava.

Abaixei a cabeça e, então, fiquei de joelhos. Mas eu precisava fazer alguma coisa, eu não podia simplesmente ficar passiva. Decidi pedir a essa força para combater o vírus. Mas, depois de um certo tempo, percebi que não funcionou. Eu ainda estava de joelhos e, então, me levantei porque eu precisava fazer algo.

Eu olhei para a representante da Hellinger®schule e seu ensinamento, depois para trás da escola, então a escola me colocou de lado e eu fui puxada de novo para o vírus. Quando eu o encontrei, eu estava muito alegre, agora eu tinha algo a fazer e passei a interagir com ele.

SOPHIE HELLINGER

NOTAS PESSOAIS

– IV –

O coronavírus

O coronavírus vem de uma assim chamada família de vírus, os quais são muito numerosos. Sete deles são conhecidos por causarem doenças em humanos. Uma das mais conhecidas foi a SARS em 2002/2003, àquela época abreviada como SARS-CoV, hoje chamada simplesmente de SARS-CoV-2. SARS é a abreviatura para *severe acute respiratory syndrome* (em português, "Síndrome Respiratória Aguda Grave"). Dez por cento das pessoas afetadas morreram. Outra candidata séria é a MERS (*Middle East respiratory syndrome*, em português: "Síndrome Respiratória do Oriente Médio"). Cerca de 30% dos que a contraíram morreram.

Em janeiro de 2020, foi publicado um estudo chinês que analisou todo o genoma da Covid-19. O nome científico correto para esse vírus é SARS-CoV-2 (*severe acute respiratory syndrome coronavírus 2*). A Organização Mundial da Saúde (OMS) simplificou o nome e chamou essa doença de Covid-19 (*Corona virus disease 2019*). Em comparação com a SARS e a MERS, a Covid-19 é muito menos perigosa. Os índices da taxa de mortalidade estão entre 0,5% e 20%.

OS SINTOMAS

O vírus é absorvido através das mucosas dos olhos, boca e nariz. Quase 80% das pessoas infectadas são homens. Os sintomas iniciais são temperatura corporal levemente elevada, geralmente de

38 a 39 graus. Alguns dias depois, a maioria dos pacientes tem uma tosse seca e, um pouco mais tarde, dores musculares e cansaço. Na maioria dos casos, a doença é relativamente leve. Alguns, porém, têm uma tempestade de citocinas. Isso é uma disfunção potencialmente letal do sistema imunológico em que há um feedback positivo entre citocinas e leucócitos. É uma forma grave da hipercitocinemia (CRS, *cytokine release syndrome*).

As causas patogênicas exatas de uma tempestade de citocinas ainda não são claras. É muito provavelmente causada por uma sensibilidade extrema do sistema imunológico a certas proteínas. Como consequência, células T e macrófagos liberam citocinas tais como TNF-alfa, interleucina-1 ou interleucina-6 sem qualquer inibição. Provocam uma reação inflamatória maciça no tecido. Uma tempestade de citocinas pode ocorrer em um quadro de doenças infecciosas e não-infecciosas, por exemplo na gripe comum. Na tempestade de citocinas da Covid-19, o pulmão não consegue mais respirar livremente e precisa ser ventilado.

A transmissão da Covid-19 ocorre pela infecção por gotículas, através da tosse por exemplo. Se a doença pode ser transmitida também por outros meios, ainda não se sabe ao certo. Mesmo pacientes completamente assintomáticos podem transmitir a doença. Se uma pessoa foi infectada, ela fica assintomática durante os primeiros 4 a 7 dias. Esse é o assim chamado período de incubação. Assume-se que uma pessoa só pode se tornar contagiosa sete dias após contrair a infecção. Durante o período seguinte, a pessoa pode até permanecer assintomática, mas com certeza continuará contagiosa.

Uma taxa de mortalidade particularmente alta foi verificada na cidade de Kirkland, no estado de Washington. Lá, seis em cada dez pessoas que sofriam de Covid-19 morreram no Hospital Evergreen. Isso representa uma taxa de mortalidade de 60%. Acontece que Kirkland é uma das primeiras cidades dos EUA totalmente equipada com uma rede 5G já em funcionamento. É lá que as experiências com carros autônomos estão acontecendo. No hospital, foram aferidos valores invulgarmente elevados de Wi-Fi, que ultrapassaram em muito os valores autorizados pelo governo. Portanto, é seguro admitir que a irradiação de Wi-Fi é desfavorável para os pacientes infectados.

O DIAGNÓSTICO

Existe um teste PCR para diagnóstico, sendo que cada país desenvolvido tem o seu próprio teste. O país mais lento nisso são os Estados Unidos. Até hoje, os norte-americanos não conseguiram produzir esse teste em grandes quantidades. Por isso, apenas poucas pessoas são testadas. O teste PCR detecta material viral, mas não consegue distinguir se ele está vivo ou morto. Se o teste PCR for positivo, o paciente tem a doença. Aos sintomas é adicionado um valor laboratorial com baixa contagem de leucócitos, que é cerca de 4000, 3000 ou, ainda pior, 2000. Em contraste com outras infecções virais, a contagem de linfócitos é baixa. Os linfócitos são um subgrupo de leucócitos. Em outras infecções virais, a contagem de linfócitos sobe.

SOPHIE HELLINGER

NOTAS PESSOAIS

– V –

Meus pensamentos sobre a crise do Coronavírus

Esse vírus deve ter um significado e todos podem dar um a ele, porque nada no mundo acontece sem significado. Nesse momento em que a notícia está chegando e somos também obrigados a viver nossa vida, o vírus pode ser um desafio para questionar muitas coisas que eram consideradas naturais na vida. Podemos chamar o coronavírus de um ser, um ser inteligente, para o qual já demos até um nome? A questão é: quão forte ele tem que se mostrar para que nós possamos despertar? Os vírus já vinham se anunciando há muitos anos.

A questão é: qual é a real mensagem? O universo deve estar envolvido nessa ação, caso contrário, ela não ocorreria. Talvez nós tenhamos de fato exagerado isso em muitos aspectos, por exemplo, no que afeta a natureza.

Nosso espírito e nossas mãos, que nos foram dados para fazer o bem, fizeram muito à natureza e ao planeta de modo que os animais acabaram sendo expulsos de suas águas e de seu meio ambiente, para onde eles estão conseguindo retornar agora após algumas semanas. Isso sem falar na forma como os seres humanos se comportam uns contra os outros, ao invés de se comportarem uns com os outros. Quantas atrocidades, atos de violência e explorações têm ocorrido em todos os lugares? Quantas guerras e conflitos? E ainda assim não é o suficiente para obter mais lucros e ganhos – disfarçados pela bela expressão "otimização de vendas".

Sem contar como todos perderam de vista a comunidade para perseguir apenas seus próprios interesses, onde a honestidade, a confiança e o serviço não têm mais valor. A era da comunhão deu lugar ao *logos* da discórdia.

O lucro tem mais prioridade do que o bem-estar. A palavra "família" tem pouco significado e o bem-estar de nossos filhos é relegado a estranhos.

Perdeu-se o foco desde o que realmente importa até o efêmero. A espiral do "cada vez mais" estava de acordo com o "a qualquer preço". Traímos a nós mesmos nesse processo? Assumir a responsabilidade por nossas próprias vidas foi amplamente esquecido ou então relegado ao Estado. Conversas e brigas sobre assuntos triviais foram declaradas como prioridade. A beleza, a paz e a prosperidade que nos foram dadas eram consideradas como naturalidades. As opiniões pessoais de um foram colocadas a todo custo acima do bem-estar do outro.

O vírus nos dá uma lição de crescimento para que possamos nos lembrar novamente do essencial? E que talvez ignoremos o fato de que, por trás de um vírus, se manifesta também algo espiritual. Talvez, os muitos mortos e o pânico das providências nos levem à reflexão para que possamos tomar um novo rumo e para que sejamos capazes de nos perguntar o que realmente importa para nós.

Se levarmos essa questão a fundo, então não se trata, afinal de contas, de estarmos sozinhos e da culminância nos superlativos, mas sim da comunhão. E de que se trata realmente para cada um de nós, no mais profundo âmago? Trata-se do nosso Ser ou Não-Ser, e isso tem simplesmente um nome. A VIDA.

Todas as eventualidades que nos defrontam na vida não querem nos destruir, mas sim nos empurrar para a frente. Cada um de nós sabe disso. Permanecer deitado é, frequentemente, muito mais agradável do que se levantar.

Quem conhece a disciplina e a aplica sabe de seus benefícios. Aqueles que sabem como se disciplinar não se deixam perder o rumo tão facilmente. Caso contrário, agimos sem pensar e em pânico. Nessa época de exceção, o que importa agora é a nossa base interior. Quem for capaz de pensar e sentir com precisão irá sobreviver aos períodos difíceis por mais tempo e, até mesmo, crescer no processo.

Se nosso guia interior for positivo e disciplinado, só podemos vencer.

Aqueles que ainda não o são, podem escolher se torná-lo agora, para se protegerem e se beneficiarem disso.

1. Portanto, meu conselho renovado: sorria! O sorriso garante um sistema imunológico bom e forte. E é exatamente disso que precisamos hoje. Quem permanece confiante também consegue sorrir.

2. Retirar-se para o interior é a segunda autoajuda. Ficar em silêncio, permanecer em silêncio, questionando o sentido e o propósito da vida. Quem procura distração não consegue permanecer centrado.

3. Sente-se e reflita sobre quantas pessoas e quantos motivos há em sua vida aos quais você deve reconhecimento, amor e gratidão. Pegue seu precioso diário e escreva uma carta de agradecimento a, pelo menos, uma pessoa. Isso irá desenvolver forças positivas durante meses em você e no destinatário da carta, sem que você a envie. E, por favor, leia essa carta pelo menos uma vez ao dia, por sete dias a fio.

Só por levar a sério essas três sugestões e colocá-las em prática, você terá fortalecido seu sistema imunológico, que será duas vezes mais forte do que antes.

SOPHIE HELLINGER

NOTAS PESSOAIS

– VI –

O poder da crença

Gostaria de começar com uma pergunta: será que existe uma consciência e dela surge uma ideia e da ideia, por exemplo, forma-se um plano para uma casa, para um livro ou para o combate a um vírus que, então, será concretizado?

Quanto mais tempo nos ocupamos com uma ideia, mais se desenvolve um campo a partir dela. A isso chamamos de campo mórfico. Todos nós vivemos em tais campos. Sempre houve ideias e não se questiona se uma ideia é certa ou errada. Daí, surgiram também todas as religiões. Isto é: alguém tinha uma ideia e outras pessoas cuidaram para que houvesse adeptos suficientes. Essa ideia é defendida, então, com todos os meios possíveis. Determinadas pessoas assumem essas ideias como crenças próprias. Pessoas que aderem a essas ideias e creem nelas defendem-nas como se fossem sua própria vida.

Nós mesmos sabemos bem para onde certas crenças podem levar. Como isso está relacionado, por exemplo, com a guerra? Com relação ao coronavírus, muitos chegam até mesmo a falar de uma guerra. Ao respectivo país é comunicado o seguinte: existe alguém que nos ameaça. Esse Outro obviamente tem uma outra crença, uma ideia diferente da que temos! Por isso, é preciso combater o Outro e, se possível, até mesmo exterminá-lo se for possível. Isso também vale para aqueles que recusam a guerra. Também eles têm uma opinião diferente daqueles que apoiam a guerra. Mas não se disse que a crença dominante é a certa. Isso se revela só depois. Às vezes, só quando as consequências são muito sofrimento e muita dor.

Como surge uma crença, um credo? Em primeiro lugar, na família! Aceitamos como verdade aquilo que escutamos quando criança. Uma criança não consegue discernir se algo é certo ou errado. Por isso, uma criança adota as ideias dos seus pais com fidelidade, convicção e boa consciência. Obviamente, ela também fica com medo quando não acredita na mesma coisa e não age em conformidade com seus pais. Depois, ela fica com má consciência e com medo de não poder mais pertencer a esse campo mórfico sistêmico da família.

Todos nós sabemos que pensamentos criam realidade. Primeiro, havia a ideia, depois veio a palavra, o *logos*. Hoje, na maioria das vezes, os experimentos na física quântica não são mais conduzidos pelos físicos que inventaram um modelo. Eles imbuem outras pessoas de executá-los para obter, assim, um resultado de fato real. Pois o pensamento e a observação influenciam o campo. Por quê? Porque não há nada que não esteja conectado mutuamente. Todos nós estamos conectados. Na Bíblia, há uma bela frase de Jesus: "o que vocês fizeram a algum dos meus menores irmãos, a mim o fizeram" (Mateus 25:40).

Como se deve entender isso? Temos bilhões de células corporais. E de onde vieram essas novas descobertas? Graças à astronomia e à física, sabe-se hoje em dia que o corpo é composto principalmente de três matérias básicas: hidrogênio, carbono e oxigênio. São átomos que não poderiam ser constituídos e nem mesmo existir se não tivesse ocorrido uma fusão atômica antes. No cosmos, ocorreu uma explosão da qual surgiu o carbono e o oxigênio. Quanto ao hidrogênio, trata-se de um outro nível.

Isso quer dizer, então, o seguinte: as estrelas, que outrora já brilhavam há bastante tempo, constituem hoje nossas células com sua poeira interestelar. Esse é o estágio atual da ciência. Essa poeira interestelar é, literalmente, responsável pela possibilidade de vida neste planeta. Da ligação entre carbono, oxigênio e hidrogênio surgiu isso que chamamos de vida. Independente se se trata de uma planta, de uma pedra ou de nós mesmos.

Essa conjunção de átomos, que nós até chamamos de estável, não é de fato estável. Ela está sempre em movimento. Hoje, faz sentido de novo aquilo que diz Jesus: "o que vocês fizeram a algum dos meus menores irmãos, a mim o fizeram". Isso seria exatamente como se eu decepasse minha mão esquerda com minha mão direita.

Quando revemos nossos credos e nossas crenças, podemos constatar isso: se creio ter sido atacado, serei de fato atacado. Se creio não ter merecido algo, não receberei nada. E se creio não merecer amor, ninguém irá me amar. Com a minha consciência, começo a realizar o que eu penso. E isso termina em uma profecia autorrealizadora. Nossos ancestrais ficariam alegres, porém, se nós libertássemos a eles e a nós mesmos de tais complicações, por força de nossa consciência.

O que acontece, por exemplo, em uma constelação? Nós constelamos um sistema com algumas pessoas. E quando todos observam bem atentamente – sem intenção, puros, lúcidos, apenas centrados – o que acontece? O que se consolidou no sistema irá ruir e colapsar através da energia liberada pelos observadores. Pois, como observadores, todos os átomos em nosso corpo se voltam para a coisa observada conforme a consciência. Enquanto alguma coisa não está sendo observada, ela perambula livremente em um lugar qualquer por milhões de anos talvez. Mas no instante em que nós a observamos, ela ganha vida diante de nossos olhos.

Se olharmos atentamente para uma constelação, um efeito-espelho se desencadeia obrigatoriamente, de modo que uma parte de mim se reflete também nessa constelação. Outras inúmeras partes de meus antepassados, pois meus antepassados são seus antepassados, pois a ligação entre pessoas acontece no mesmo nível. Não existe nenhum outro campo para uma pessoa além do interpessoal.

É só quando nós vivenciamos, criamos e realizamos isso que podemos olhar para mais longe: ser humano, terra. E ainda mais longe: ser humano, terra, cosmos. E, com isso, somos nós mesmos que, acima de tudo, criamos nossas condições de vida. Com a minha consciência, que depende do meu poder de observação concentrada, e dependendo do quanto consigo me entregar ao que observo, sem julgamento. E o que sinto aí irá imediatamente render frutos, pois o corpo e o metabolismo nunca dormem.

No momento em que não coloco mais nenhum julgamento no contexto, já começou uma transformação em mim. Isto é: sou um co-criador de tudo o que acontece em mim ou me é dado. Por esse motivo, fico atento, em primeiro lugar, aos meus sentimentos, pois deles se cria a consciência, da consciência surge uma ideia e, da ideia uma palavra. E as palavras se tornam ações e as ações, destinos. É isso o que chamo, então, de minha vida.

Por isso, não preciso culpar ninguém mais, o outro apenas reflete de volta o que eu transmito. Ele não pode fazê-lo diferente. Não preciso ficar brincando com os sentimentos de outras pessoas e testando tudo o que eu posso fazer. Desse jeito, eu só estou desperdiçando o meu tempo de vida. O primeiro passo para melhorar algo é que posso fazer alguma coisa a qualquer momento e que também não me custa nada – exceto minha própria disciplina: é o sorriso e a confiança que eu transmito – ela irá voltar para mim.

Quando eu olho agora para vocês: quantos estão em condições de sorrir sem motivo algum? Poucos apenas. A autodisciplina não é suficientemente forte se eu não puder sorrir sem motivo. Se eu tiver em mim uma crença antiga e fixa, não haverá nada em minha vida para rir. Minha vida e tudo o que dela decorre continuará, então, exatamente igual como antes.

Minhas células corporais respondem a todo instante. A nova medicina comprova isso, a cinesiologia e a bioressonância se apoiam sobre esse princípio. O corpo raciocina. Pois cada célula individual do corpo traz em si a sabedoria completa.

Todas as células do corpo estão voltadas para a conservação do corpo. Elas têm apenas essa única intenção. Supondo que eu fosse arranhar alguém a ponto de fazê-lo sangrar, então todas as células do corpo imediatamente se apressariam para esse local, para evitar a perda de sangue. Portanto: existe por trás de tudo uma força cósmica da qual nada sabemos e que sempre quer o melhor para nós. Isso significa: ela quer manter a vida, inclusive em um estado ideal.

Se a palavra vem primeiro, então eu penso, por exemplo, que estou bem hoje. Para isso, posso olhar para um objeto qualquer, como uma foto, ou escolher uma lembrança que me traz alegria. Ou escuto uma música que me agrada – ou o que quer que seja que me cause um sorriso, mesmo nas condições mais adversas. E aí já terei voltado meu movimento e todo o metabolismo em uma nova direção. Dessa forma, entro no campo de uma nova ressonância com outras que, por exemplo, são felizes.

Com seus trabalhos de pesquisa sobre os campos mórficos, Rupert Sheldrake provou que não faz diferença a distância que estou de uma outra pessoa feliz. Todos nós somos sempre um. E eu decido se estou feliz ou triste. Se estou triste, entro em ação com esse campo triste. Mas também posso sair de forma consciente. A resposta está presente já antes da execução da ação. Deve haver, portanto, algo que já sabe e dá a resposta. Caso contrário, o corpo com todos os seus campos de energia não poderia reagir a isso.

Não existe nenhum lapso temporal entre mim aqui e o mais longínquo local no qual estou pensando. Toda transformação que eu causo aqui acontece ao mesmo tempo lá. Quando incito em mim um sentimento de alegria e amor por alguém, o outro irá imediatamente sentir isso, sem que o tempo passe e antes que eu imagine.

Na Rússia, havia um lugar para onde pessoas com doenças graves podiam ir. Elas precisavam apenas cumprir duas coisas e ficar entre seus iguais por quarenta dias. Depois disso, os doentes estavam de novo saudáveis. As duas coisas eram:

1. Andarem e sentarem-se completamente eretos, estarem ao máximo no eixo, o dia todo, até mesmo enquanto sentados.
2. Ficar sorrindo repetidamente o dia todo, a não ser quando estivessem dormindo. Uma vez assimilado em profundidade, o sorriso perdurava, até mesmo, durante o sono.

Quem esquecia de sorrir por apenas dois ou três minutos, precisava estender esse dia nos quarenta dias predeterminados ou, então, ir para casa. Todos eram observados com binóculos. Eles precisavam, por exemplo, ir longe buscar água e trazê-la de volta morro acima – na cabeça, para que eles andassem com a postura ereta. Quem não tem costume de andar de forma ereta sabe o quão custoso é andar dois quilômetros morro acima. É claro que muitos jogaram longe o recipiente várias vezes, ficavam com raiva e xingavam. Eles precisavam então voltar de novo pois não podiam chegar sem água. Pois ela era necessária para todos lá em cima, no abrigo.

Quando eles eram liberados, havia uma conversa pessoal de cada um com o organizador. Muitos diziam que não teriam trazido a água se ela não fosse realmente necessária para todos. Depois da conversa, o intermediador abria uma porta e mostrava uma torneira e um lavabo. Para fins de demonstração, ele abria a torneira. Durante todo o tempo, eles tinham tido água suficiente lá em cima da montanha. Mas o ser humano precisa estar ocupado com algo para que a pessoa tenha uma disciplina interna a cumprir. Sem disciplina interna, não há sucesso! Se eu não me disciplinar, então não me tornarei nada. A primeira disciplina é: posso me desapegar de minhas crenças do passado, posso remodelá-las todos os dias.

Tudo o que já aconteceu está gravado em nosso corpo. Da mesma forma, isso pode ser apagado. Todos os átomos de nosso corpo estão constantemente em movimento, mas posso dar-lhes uma nova rotação. O novo impulso seria: todos nós estamos abertos com amor, a todos aqueles que estão presentes mas também a todos os outros milhões que não têm mais um corpo terreno. Eles olham e, por isso, há também para eles uma transformação, pois eles ainda estão em nós. Se seu coração está alinhado com o amor, então se forma uma massa crítica que derruba tudo o que estava ali antes.

Osho aplicou em São Francisco (EUA) o seguinte experimento: centenas de pessoas meditavam com o mesmo objetivo e a taxa de criminalidade se reduziu em 40 até 50 por cento. As proibições não foram além. Meu marido Bert sempre dizia: "Não existem erros, apenas desvios". Portanto: podemos os redirecionar de modo que fiquemos todos bem e que fiquemos felizes. Que nós vivamos em plenitude, no amor, no trabalho, na saúde, no financeiro – o que quer que seja. A natureza não conhece nenhum limite. Eles existem apenas na nossa cabeça.

Se você tem uma crença, "Eu posso, vamos conseguir", então você assentou a primeira pedra da sua casa interior. A Constelação Familiar ultrapassa todas as fronteiras. Ela rompe todas as fronteiras. Nessa dimensão, não há Bem ou Mal. Nem Deus, nem Diabo, nem guerra, nem paz, e sim apenas a leveza do Ser. E, naturalmente, a abertura, e não o amor que deseja algo.

O que a Hellingerschule® oferece é uma escola do coração, que leva à experiência. Não é a escola da cabeça. Ressonância é a lei. Quando você fala com o coração, você tem tudo o que precisa. Abandone sua crença de que "eu não recebo o suficiente". Abra seu coração e diga: "agora eu recebo tudo. É muito mais do que preciso e do que consigo por em prática".

É o amor às pessoas!

SOPHIE HELLINGER

NOTAS PESSOAIS

– VII –

Cosmic Power e a verdadeira Felicidade em tempos difíceis

Riqueza, bens materiais e sucesso em geral são as causas da felicidade?

Riqueza acumulada equivale à felicidade?

Se a isso se somar boa saúde e relações boas com os semelhantes estaremos, então, no objetivo de todos os objetivos?

Tempo, dinheiro, riqueza, saúde e amor são concebidos, muitas vezes, como equivalentes à verdadeira Felicidade.

Eu afirmo que prosperidade, sucesso, saúde e relações interpessoais prazerosas não são a causa da felicidade, e sim um subproduto dela. Na verdade, pessoas felizes fazem com frequência muitas coisas certas que, depois, levam a um bom resultado. Ao mesmo tempo, sabemos também que, muitas vezes, pessoas que herdaram riquezas indescritíveis ou que tiveram sucesso acima da média são, no seu mais profundo âmago, extremamente infelizes.

Podemos observar também que boa saúde é considerada como algo simplesmente natural e é colocada em risco de maneira leviana. Da mesma forma, a família mais feliz pode, de um dia para o outro, afundar na mais profunda crise por um acontecimento totalmente inesperado. Será que essas pessoas ainda continuam felizes ou se encontram em um estado miserável?

Eu afirmo: se sou feliz por conta de títulos, sucesso, prosperidade, amor e riqueza, então essa é uma felicidade emprestada. Ela depende dos outros ou de certas circunstâncias.

Dizendo de maneira clara: sou manipulável, controlável e dependente. Felicidade verdadeira e profunda não exige condições preestabelecidas que, por uma reviravolta ou uma perda, podem nos afundar na mais profunda infelicidade.

Sou da opinião de que não podemos falar aqui de verdadeira Felicidade. Todas as características ou produtos mencionados acima são, na verdade, efeitos colaterais da verdadeira Felicidade.

Então, o que é a verdadeira Felicidade?

Eu gostaria aqui de aprofundar essa pergunta. Muitas ofertas que podemos observar todos os dias são, por exemplo, sobre como podemos evitar uma doença e como podemos sanar uma infelicidade. Quem é o culpado por isso ou aquilo ser assim ou ter acontecido desse jeito. Especialmente na psicoterapia, assume-se que a pessoa precisa de apoio a todo custo. Desde então, algumas coisas mudaram nesse aspecto, pois a psicologia positiva está em ascensão.

Por sua vez, outras pessoas colocam a questão: a felicidade é uma predisposição genética?

Algumas pessoas acham que felicidade é um acaso. Outras pessoas acham que é uma ilusão que a felicidade possa mesmo ser acessível a todos.

Por sua vez, outros pensam especialmente em psicologia positiva, que é só adotar algumas fórmulas.

Sabe-se que a classificação de uma situação representa, para uns, um desafio para o crescimento e, para outros, um desastre que leva à letargia. Na verdade, existem resultados de pesquisa sobre o cérebro que permitem reconhecer se alguém vê um acontecimento como um problema ou interpreta-o como uma oportunidade favorável para mudar algo. Dependendo da função cerebral, essas pessoas interpretam se um copo está meio vazio ou meio cheio. É assim que podemos reconhecer suas inclinações e atitudes. É verdade que esse comportamento pode ser predeterminado parcialmente e em diferentes porcentagens. Há uma grande probabilidade de que alguém fique sobrecarregado em relação a isso se os pais eram infelizes ou se ocorreram outros acontecimentos miseráveis.

Como cientificamente comprovado nos dias atuais, os genes nas crianças são influenciados pelo meio ambiente. O cérebro da criança reflete o ambiente dos adultos. Os neurônios-espelho desempenham um papel decisivo no reconhecimento de novos padrões de comportamento. As crianças simplesmente observam seus pais e, assim, já começam os fogos de artifício neuronais em suas células cerebrais da respectiva região que reflete a atividade em questão.

Um resultado de pesquisa: numa criança pequena que está em transição alimentar para comidas sólidas e que fica sentada com seus pais durante as refeições é possível observar que, quando eles levam a comida à boca, certas áreas do seu cérebro se iluminam. As mais modernas técnicas de imagem permitem constatar que é apenas através da observação que se iluminam, no cérebro da criança, exatamente as mesmas áreas do cérebro dos pais. Em plena formação, o cérebro da criança aprende, dessa forma, um novo comportamento. Ele sabe para onde deve levar a comida.

Essa pesquisa fornece a evidência de um misterioso fenômeno físico: a capacidade de sentir o que outra pessoa está sentindo. A empatia é uma habilidade que algumas pessoas têm e outras não têm de modo algum. Essa habilidade é tão acentuada em mim que, não raras vezes, chego de fato a um intenso sofrimento físico por causa dela. Só de conversar com alguém, já fico me sentindo tão mal que preciso de uma pausa. Muitas vezes, esse é o caso quando alguém fala de outra pessoa que eu nem sequer conheço e muito menos sei algo sobre ela. Consigo sentir todos os sentimentos dessa pessoa, todos os seus efeitos colaterais e sei até o que ela está pensando e fazendo.

Esses fenômenos foram verificados por ressonância magnética e tomografia computadorizada. Nesse contexto, foi cientificamente reconhecido que a empatia é de importância crucial na vida. Como os neurônios da criança refletem os sentimentos das pessoas de seu ambiente, a criança consegue captar exatamente o que essas pessoas de referência sentem. Assim, é possível que o sistema nervoso da criança seja moldado pelos pais ou por um ou outro comportamento, antes mesmo de ela ter um motivo próprio para ser feliz ou infeliz. Entretanto, não foi possível investigar por qual motivo, em algumas crianças, permaneceu inócua a programação para a empatia ou para o Ser Feliz ou o Ser Infeliz.

Com base nos resultados disponíveis, pode-se chegar à conclusão de que estamos totalmente entregues à própria sorte. A ideia de que nossos pais são nossa perdição ou nossa sorte não é, porém, defensável. Isso seria até o erro mais fatal que poderíamos cometer. De fato, nem os genes, nem o cérebro são uma estrutura eternamente fixa.

O fato é que a vida não é algo fixo, mas sim tudo o que nos constitui está submetido a um processo permanente, na medida em que tudo está constantemente se renovando e mudando. Toda decisão que tomo, de ser feliz por exemplo, envia sinais para o cérebro que são encaminhados, depois, para o cérebro e ativam um processo químico. Através de qualquer mínimo sinal que enviamos ao cérebro através da mais ínfima decisão, nosso cérebro se transforma e se redesenha.

A visão de mundo que se reflete em nossas crenças se torna, então, uma profecia autorrealizadora. Sempre que o mesmo pensamento surge em nós – tais como "ninguém me ama", "sou uma vítima", "sou sempre tratado injustamente", "sou burro demais", "sou velho demais", "não sou bonito o suficiente" – a mesma negatividade é repetida cada vez mais. Assim, as vias neuronais ficam cada vez mais demarcadas. Qualquer pessoa pode questionar essas crenças no agora. Existem ainda as mesmas pré-condições para isso ou estou simplesmente reavivando-as de vez em quando, com minha postura tornada um hábito?

Toda pessoa que realmente quer mudar alguma coisa pode mudar a situação ATUAL por meio de outros pensamentos. Aqui estão dois exemplos: posso não ter sabido o suficiente antes, mas tenho hoje tanta experiência de vida que posso sozinho dar uma boa contribuição por conta disso. Ou então: sim, antes eu era uma vítima das circunstâncias, mas é justamente por isso que hoje tenho bom discernimento.

Hoje em dia, já sabemos bem: se eu quiser ser amado, tenho primeiro que dar amor. Está provado que a mudança de pensamento, por si só, já desencadeia outro processo químico no cérebro de forma muito eficaz.

Se, além disso, praticarmos a respiração consciente e a meditação, já teremos içado as velas rumo ao sucesso. Ao sentar-se em silêncio e observar nossa respiração, é ativado o córtex pré-frontal, que é a parte anterior do lobo frontal do cérebro. Essa é também a sede do raciocínio superior e do estímulo para a liberação de neurotransmissores.

Os hormônios da felicidade dopamina e serotonina, o hormônio de ligação oxitocina e os próprios opioides do organismo, como as endorfinas, entram na corrente sanguínea. Todos esses hormônios têm a ver com nossa felicidade em um sentido mais amplo.

A liberação de opioides é também um analgésico produzido pelo próprio corpo.

A oxitocina é um hormônio de alegria. É secretado com mais intensidade pela excitação sexual.

A serotonina está associada a uma melhor autoestima.

A dopamina é reconhecida como um antidepressivo.

Até agora, não há uma única substância química que possa liberar e controlar todos os hormônios neste nível.

Todos podem reconhecer e experimentar a respiração correta e a concepção correta de meditação como extremamente eficazes e eficientes, porque os respectivos neurotransmissores ligam e mudam as vias neuronais de uma maneira favorável em nosso cérebro. O resultado é que a nossa qualidade de vida muda no sentido positivo.

Aqueles que praticam consistentemente a respiração e a meditação do Cosmic Power sentirão o efeito após algumas semanas por si mesmos. Minha recomendação: praticar diariamente essa combinação de respiração consciente e meditação por pelo menos seis semanas.

O QUE A PRÁTICA DA RESPIRAÇÃO CONSCIENTE ME TRAZ?

Os seis benefícios da respiração consciente:

1. Sono melhor
2. Sistema imunológico fortalecido
3. Memória melhorada
4. Percepção mais rápida
5. Bem-estar maior
6. Aparência mais jovem

Na verdade, a respiração é a coisa mais natural do mundo, mas, por incrível que pareça, muita coisa se pode fazer errado. Isso acontece com muito mais frequência do que imaginamos. Se nunca fazemos uma respiração abdominal consciente e praticamos pouco ou mesmo nenhum esporte, ficamos com a respiração superficial. Então, pode-se acumular líquido nas pontas dos pulmões muito rapidamente – especialmente em pessoas mais velhas. Isso limita o possível volume de oxigênio no tórax.

Respirar de forma autônoma significa participar conscientemente da vida. Aqueles que não conseguem mais fazer isso ou recebem respiração artificial ou já estão mortos.

Não somos capazes de estimar suficientemente as vantagens de uma respiração consciente e direcionada. Pela respiração, estamos em um intercâmbio constante com tudo o que existe. Conectados ao ar, não podemos nos isolar porque todo ser vivo inspira e expira. Querendo ou não, temos que nos conformar com esse coquetel de ar. É justamente por isso que é tão importante prestar atenção à troca eficiente de ar, pois tudo que vive se influencia mutuamente e de maneira alternada.

Especialmente hoje, nesses tempos turbulentos, devemos cuidar bem de nós mesmos e da nossa saúde. A respiração direcionada é um dos passos mais eficazes para aumentar nosso bem-estar. As consequências dessa respiração consciente são um processo instantâneo para reduzir os níveis de estresse.

Especialmente no período forte dessa pandemia, estão morrendo mais pessoas com doenças pulmonares e respiratórias do que todos nós gostaríamos. O parco suprimento de oxigênio no cérebro e nos órgãos provoca um estresse adicional em todos os outros processos do metabolismo químico em nosso corpo. Surge um tipo de situação emergencial que exige mais oxigênio. Ele não pode, porém, ser fornecido em quantidades suficientes por causa da respiração rasa.

Se não morrermos pelo estímulo excessivo de medo e do pânico, o estresse é, ainda assim, um dos fatores mais graves para adoecer mais rápido. Nosso corpo certamente compensa tais excessos ao longo dos anos liberando adrenalina. Mas, tão logo um segundo ou terceiro fator seja adicionado, a situação se torna realmente perigosa. Pois nosso corpo não está mais em condições de compensar quatro ou mais fatores. Com isso, criam-se exatamente os pré-requisitos para o efeito devastador da pandemia, com resultado fatal. Por esse motivo, eu gostaria de trilhar com vocês novos caminhos que levam pouco tempo, mas exigem uma certa constância.

Já é bem sabido que podemos viver e sobreviver facilmente sem alimentos sólidos. Parece que, em uma atitude e um estado de espírito muito conscientes, o corpo dispensa alimentos sólidos. Mas não há quase nenhuma possibilidade de viver sem ar. Se formos privados de oxigênio ou ar para respirar por mais de três minutos ou mesmo mais, nosso cérebro sofre um dano irreversível. Quem sobrevive a isso, frequentemente fica em coma, um estado que é um teste de resistência para todos os envolvidos.

O coronavírus nos ensina que um pulmão saudável é como uma carona grátis para a pessoa infectada. Podemos ser infectados e, ainda assim, nosso sistema imunológico consegue carregar em si o vírus sem demonstrar sintomas. Isso é observado com frequência em crianças. Pelo ar, estamos em constante troca com o TAO, com o "Nada" no qual tudo está contido, por assim dizer. Eu acho que a tarefa por excelência para nós humanos é entrar em sintonia com essa força que atua por trás de tudo. Essa força – se é que posso chamá-la assim – não conhece distinção entre o Bem e o Mal e nenhuma distinção entre raça e cultura e nenhuma distinção entre jovens e velhos ou entre sexos. Estamos todos incorporados nela, dela viemos e para ela voltamos.

Minha experiência a esse respeito é que podemos conscientemente entrar em contato com essa força. Mas como?

Muito simples, da mesma maneira como em todas as outras áreas. Se eu quiser saber algo, tenho que perguntar. Mas como eu pergunto? Da mesma maneira como eu costumo perguntar. A única diferença é que não há ninguém de frente a mim que eu possa ver ou ouvir com os meus ouvidos físicos.

Apenas uma pequena mudança é necessária para poder receber a resposta:

1. Estar desperto.
2. Abrir seus olhos, perceber tudo.
3. Ativar a escuta interna.
4. Isso exige um direcionamento interno e uma retirada.

Pois, na correria e no barulho, rapidamente deixamos de escutar ou de ver uma resposta ou um sinal. Ele pode estar no título de um jornal, em uma revista ou no rádio. Para obter respostas às perguntas, a retirada para a meditação é ainda mais adequada.

Meditar não significa dormir, meditar significa: o corpo está adormecido, mas a mente e os sentidos estão bem despertos. Se você já fez uma pergunta muito específica antes, os neurônios disparam de forma bastante enérgica nesse estado. O ouvinte em nós procura por uma resposta em todos os níveis. Você também vai recebê-la. Se você não tiver suficiente prática, provavelmente não conseguirá escutá-la imediatamente.

Mas tenha paciência. Nenhuma árvore cresce totalmente em uma hora. Um pouco de paciência e prática disciplinada levam ao sucesso. Com prática regular, toda a sua vida irá se transformar. Quanto mais vezes você fizer a mesma pergunta, tanto maior será a certeza de que você receberá uma resposta grandiosa. Ao fazer a pergunta, você constrói novas vias neuronais no cérebro. Quanto mais vezes você lidar com a resposta procurada, tanto mais largas e fortes essas novas conexões se estabelecem. Não se canse de ficar fazendo a mesma pergunta até ter recebido uma resposta que você também entenda e que, de fato, possa e deva por em prática! Só a prática leva à perfeição.

Paciência, confiança e perseverança te levam inexoravelmente para o destino.

Pois bem, agora respiremos juntos e foquemo-nos em nosso elixir da vida, o ar.

Em seguida, meditemos juntos.

Eu te conduzo aqui. Com isso, nossos lobos frontais atrás de nossa testa receberão um novo impulso – ou seja, uma nova informação que leva a novos resultados.

Retire-se agora para um lugar onde você não possa ser perturbado. Tem que ser um lugar onde você se sinta bem. Desligue o telefone e desative a campainha da porta. Coloque-se com a coluna ereta em um lugar onde você possa aguentar confortavelmente por trinta minutos.

Como queremos explorar a verdadeira Felicidade e podemos e queremos experimentá-la em nosso corpo, nós o incluímos.

1. Expire devagar com a boca aberta e concentradamente. Solte o ar, deixe os ombros caírem.
2. Inspirar profundamente pelo nariz, com a boca fechada, enquanto conta mentalmente até oito.
3. Expire, deixe a respiração sair lentamente enquanto conta mentalmente até oito.

Repita tudo três vezes.

Esteja consciente de seu corpo, escute-o e sinta para dentro de si. Há em algum lugar do corpo uma pressão, uma pontada, uma queimação ou uma beliscada? Então direcione sua atenção para lá e fique nesse lugar até que o sintoma desapareça. Você só precisa esperar por tempo suficiente. Então, uma lei física acontecerá em você. A energia segue a atenção. Fique presente no local – e o alívio começará.

Nosso corpo e todo o universo são um só. Nossa consciência é a interface onde tudo acontece. Inúmeros processos acontecem ao mesmo tempo. Nosso corpo realiza tanto que nem todos os computadores do mundo juntos conseguem processar igual.

Por isso, repitamos mais uma vez o exercício já realizado.

1. Expire devagar com a boca aberta e concentradamente. Solte o ar, deixe os ombros caírem.
2. Inspirar profundamente pelo nariz, com a boca fechada, enquanto conta mentalmente até oito.
3. Expire, deixe a respiração sair lentamente enquanto conta mentalmente até oito.

Repita tudo três vezes.

Agora, direcionemos nosso foco para o presente. Somente agora, para o instante. Apenas o presente é eterno, nenhum outro tempo o é. O instante não pode ser esquecido, nem está morto. Pois, caso contrário, você estaria morto.

Enquanto estamos no momento presente, saímos da máquina do tempo. E já estamos, então, livres do sofrimento.

Por quê? Porque não mais julgamos e analisamos.

Apenas o instante – o presente absoluto – é atemporal.

Apenas na ausência de tempo é que nós sentimos e encontramos nossa verdadeira existência, nosso Ser. Não existe nenhuma perfeição maior do que o "Agora".

Esse é o primeiro nível da felicidade.

Felicidade que precisa de um motivo é apenas uma outra forma de sofrimento. Porque ela pode acabar a qualquer momento e é só então que sentimos nossa dependência, e dependência sempre leva ao sofrimento!

A verdadeira felicidade não conhece nem coloca condições.

Quando permanecemos no instante, também não há ressentimento. Da mesma forma, não precisamos nos precipitar para o futuro. Pois aí, conseguimos conceber apenas o que é conhecido, vivenciado ou visto. Na realidade, toda a verdade ainda não está ali. O instante é uma permanente renovação. O instante nunca é velho, e você também não pode detê-lo.

Toda experiência do tempo é algo particular.

Por exemplo:

1. Quando estamos com a pessoa amada, o tempo nos parece breve demais. Ele escorre entre os dedos.
2. Olhando o mar, o tempo fica parado.
3. No momento de finalização de uma casa, ele pode realmente passar voando.

Pois bem, que tipo de fenômeno é o tempo? Quando você entender o contraditório nele, então você já terá ultrapassado a primeira barreira.

1. Volte para o instante.
2. Vamos repetir tudo como antes.

Participe!

1. Respire!
2. Olhe para o corpo!
3. Espere – até um sintoma aparecer!
4. Observe atentamente!
5. Permaneça em atenção até o sintoma se dissolver!

6. Espere até o próximo sintoma vir!
Repetir, pelo menos, três vezes.

Permanecer no instante, bem presente. Com isso você despertou para o que escuta tudo em ti e para o que executa suas ordens, sejam elas inconscientes por pensamentos, sentimentos ou palavras, e ativa seu curandeiro interior.

Esse exercício, você deve fazer todos os dias.

Uma vez por dia, realmente todos os dias!

Esse é o primeiro passo para a verdadeira felicidade!

COSMIC POWER, CONSTELAÇÃO FAMILIAR & CORONAVÍRUS

NOTAS PESSOAIS

– VIII –

Sophie Hellinger responde perguntas sobre a crise do coronavírus

Muitas pessoas estão assustadas agora. Elas têm medo não só de adoecer, mas também de perder sua base financeira. Como é possível lidar com esse medo?

Sophie Hellinger: Quem se preocupa demais agora e só pensa na ruína financeira, fortalece seu campo, seus pensamentos e ações nessa direção. Mais rápido do que se imagina, esses medos irão, então, se tornar uma profecia autorrealizadora.

Para onde essa crise está nos levando?

Sophie Hellinger: Primeiramente, podemos reconhecer as consequências da conexão mundial. Nada nem ninguém está isolado e separado em si só. Somos literalmente bombardeados pelas notícias da mídia. Por um lado, por esse lobby que atiça ainda mais nossos medos. Por outro lado, pode-se escutar vozes que nos estimulam a observar a pandemia como um todo, sob diferentes pontos de vista. Nesse ponto, estamos agora rodeados de informações ou de notícias que, de outro modo, provavelmente não chegariam até nós.

Por exemplo, do dia 1 de Janeiro até o dia 25 de Março de 2020, houve no mundo todo:

21.297 vítimas do coronavírus,

249.904 suicídios,

1.909.804 falecimentos por câncer,

9.913.702 abortos. (Dados até a impressão do livro. Fonte: https://www.worldometers.info/)

Quando refletimos sobre esses números, cresce um sentimento estranho dentro de mim. É sobre consciência e responsabilidade, e podemos aprender e ampliar ambas.

Em chinês, a palavra "crise" tem dois significados: crise no sentido literal, mas também oportunidade. A situação atual esconde em si, também, uma oportunidade?

Sophie Hellinger: Sim, o Todo sempre tem ambas as polaridades em si. Uma oportunidade surge, portanto, de uma crise. Na atual situação, somos obrigados a nos reencontrar e a nos relembrar da verdade.

A vida irá se transformar após a crise do coronavírus?

Sophie Hellinger: Na minha concepção, essa crise do coronavírus é um mestre para cada um de nós. Já faz tempo que nós estamos falando de que algo precisa se transformar. Agora, a transformação veio muito rápido e muito intensamente. Nossas concepções de transformação necessária nos atropelaram, literalmente. Nesse aspecto, essa pandemia é um mestre eficiente e rápido. O vírus não conhece nenhuma fronteira, nenhuma época, nenhuma religião, nenhuma cultura e nenhum idioma.

Quais possíveis efeitos de longo prazo da crise do coronavírus te causam mais preocupação?

Sophie Hellinger: Preocupação não ajuda em nada. Porém, estar e ficar desperto com certeza é útil. Não há dúvidas de que haverá efeitos de longo prazo. Depois dessa pandemia, nada mais poderá ser como antes, pois a crise trouxe um novo input. Ela também mostrou quão pequenos e insignificantes nós somos. E quão rapidamente aquilo que nos parecia importante passa, de repente, a ser desimportante e pequeno.

Como o seu Método Energético Cosmic Power® pode ajudar as pessoas nesses tempos?

Sophie Hellinger: Se houver algo que possa ajudar nesse momento, é o Método Cosmic Power®, na minha opinião. Trata-se de sorrir pois, assim, podemos fortalecer nosso sistema imunológico e então seremos menos suscetíveis às influências em todos os níveis. Da mesma forma, a meditação cria em nós um centro, uma base da serenidade, da calma e da confiança. Essas são, por sua vez, as providências necessárias para permanecermos em nossa força, em nossa perseverança e positivos.

O que todos nós deveríamos aprender com a crise do coronavírus?

Sophie Hellinger: Que tudo é transitório, que não temos, de fato, direito a nada. Tudo nos é apenas emprestado por um tempo determinado. Nós viemos de bolsos vazios e iremos embora de bolsos vazios. Porém, o que permanece conosco é a experiência e somos compelidos a ela agora. Se praticarmos voluntariamente a contemplação, se refletirmos, sorrirmos e então agradecermos, então ganharemos força e confiança e, possivelmente, até teremos algum benefício dessa crise.

– IX –

Bibliografia

1. LIVROS DE SOPHIE HELLINGER EM PORTUGUÊS

HELLINGER, Sophie. *A Própria Felicidade. Fundamentos para a Constelação Familiar.* Volume 1, 2ª edição. Brasília: Tagore; 2019.

_____. *A Própria Felicidade. Fundamentos para a Constelação Familiar.* Volume 2. Brasília: Tagore; 2019.

_____. *Cosmic Power.* Brasília: Tagore; 2020. No prelo.

_____. *Constelação Familiar e Ciência.* Brasília: Tagore; 2020. No prelo.

_____. *In memoriam Bert Hellinger.* Brasília: Tagore; 2020. No prelo.

_____. *A relação do casal.* Brasília: Tagore; 2020. No prelo.

_____. *Alcançar o sucesso, permanecer no sucesso.* Brasília: Tagore; 2020. No prelo.

_____. *Perguntas e Respostas para uma vida bem-sucedida.* Brasília: Tagore; 2020. No prelo.

2. LIVROS DE BERT HELLINGER EM PORTUGUÊS

HELLINGER, Bert. *Amor à segunda vista.* São Paulo: Cultrix; 2006.

_____. *O amor do espírito na Hellinger sciencia®.* Patos de Minas: Atman; 2009.

_____. *Bert Hellinger: Meu trabalho. Minha vida. A autobiografia do criador da Constelação Familiar.* Juntamente com Hanne-Lore Heilmann. São Paulo: Cultrix; 2020.

_____. *Constelações familiares. O reconhecimento das Ordens do Amor.* Conversas sobre emaranhamentos e soluções. São Paulo: Cultrix; 2011.

_____. *O essencial é simples.* Patos de Minas: Atman; 2006.

_____. *A fonte não precisa perguntar pelo caminho.* Um livro de consulta. São Paulo: Cultrix; 2005.

_____. *Histórias de amor.* São Paulo: Cultrix; 2007.

_____. *As igrejas e seu Deus.* Patos de Minas: Atman; 2015.

_____. *Liberados somos concluídos.* Patos de Minas: Atman; 2006.

_____. *No centro sentimos leveza: conferências e histórias.* São Paulo: Cultrix; 2004.

_____. *Ordens da ajuda.* Patos de Minas: Atman; 2005.

_____. *Ordens do Amor. Um guia para o trabalho com constelações familiares.* São Paulo: Ed. Cultrix; 2003.

_____.*O outro jeito de falar. Um curso para pessoas com distúrbios da fala e seus ajudantes.* Patos de Minas: Atman; 2007.

_____. *A Paz Começa na Alma.* Patos de Minas: Atman; 2018.

_____. *Pensamentos a caminho.* Patos de Minas: Atman; 2009.

_____. *Viagens interiores. Patos de Minas*: Atman; 2018.